1001 TOP SPANISH WORDS IN CONTEXT

How To Speak Intermediate Level
Spanish In Less Than 28 Days

By

Diego Banos

M000120616

Table of Contents

Introduction

Usually, when learning a new language we tend to form sentences in our own language in our head, and then we translate them word by word to our target language, often maintaining the original word structure. This is something that may be blocking our learning process, since sometimes it may cause us to say an incorrect sentence in the language we are learning, due to the fact that different languages have different sentence structures or syntax. This is particularly true for English and Spanish as well, and as an English speaker learning Spanish, you may have encountered some trouble when it comes to knowing where and how a word should be used in a sentence.

In this book, we are going to review the 1001 most commonly used words in Spanish, and how they are used in a sentence. That way, you will build your Spanish vocabulary as you learn how sentences are structured in Spanish while comparing and contrasting them with the same sentences in English. With the help of this book, you will not only improve your Spanish syntax but by seeing word by word in context, you will also improve your Spanish vocabulary!

After long research, I have come up with 1001 words commonly used by Spanish speakers on their daily lives. The words are put into context by forming sentences with each word in English and Spanish so that readers can have a better grasp of meaning. I have also arranged these words by categories so it will be easier to find specific word types.

Once you have read this book you will be able to have a better understanding of Spanish words in context, Spanish grammar, and vocabulary. Thus, improving your Spanish learning and building up your skills to help you think in Spanish when forming sentences, which eventually will lead you to speak Spanish more fluently and naturally.

We are only a few months from ending another year, and that learning Spanish goal is not going to cross itself from the list. Start improving your Spanish grammar and vocabulary right now and you will be saying a lot more than "Hola, Señorita" during that trip to Mexico you have been planning for so long.

What is this book about and how to use it:

Most teachers try to teach every single aspect of grammar, which usually leads to students being confused and sometimes frustrated. Unfortunately, most of them don't realize how that approach rarely proves useful and that it may, in fact, get in the way of learning. While an institute or an expensive online course will certainly do their best to give you long, filler lessons explaining how verbs work in order to keep you coming back week after week, if you are someone who is trying to learn Spanish on your own, you probably want to know the most important thing: You want to expand your vocabulary.

There are different ways of enhancing your learning of every language, but improving your vocabulary is a certain way of boosting up your comprehension and learning of every new language. A study done in 1964 brought to light this amazing fact: Learning the first thousand (1000) most frequently used of a language will allow you to understand 76% of all non-fiction writing, 79.6% of all fiction writing and an astounding 87.8% of all oral speech.

It is possible to achieve those numbers because you will not just look at a long list of words, we have provided you the context that will allow the words to sink in. Each of the terms will be listed with its translation in English and two example sentences, one in each language, allowing you to study the use of each word in a common, accessible manner.

You may be wondering if you will need anything else while reading this book, and you certainly will. There are hundreds of thousands of more words out there, but these will certainly give you a head-start on learning the language and getting closer to mastering it.

Articles, conjunctions, prepositions, and pronouns.

Articles

1. The – El (Masculine singular)

I didn't pick up **the** phone.

No contesté **el** teléfono.

2. The – La (Feminine singular)

I am heading back to **the** house.

Estoy volviendo a **la** casa.

3. The – Lo (Neuter)

The nice thing about living here is the sunsets.

Lo más lindo de vivir acá son los atardeceres.

4. The – Los (Masculine plural)

I brought **the** shoes you told me.

Traje **los** zapatos que me dijiste.

5. The – Las (Feminine plural)

And I also have **the** socks that match with them.

Y también tengo **las** medias que van con ellos.

6. A/An – Uno (Masculine singular)

You can use **a** pencil if it is easier for you.

Puedes usar **un** lápiz si se te hace más fácil.

7. A/An – Una (Feminine singular)

He is inside **an** empty cardboard box.

Él está dentro de **una** caja de cartón vacía.

Conjunctions and Prepositions

8. For – Para

I was told to leave this package **for** María.

Me dijeron que dejara este paquete **para** María.

9. And – Y

I asked my father about you **and** the answer was no.

Le pregunté a mi padre sobre ti **y** la respuesta fue que no.

10. Nor – Ni

I cannot stand your sister, **nor** that puffy little dog of hers.

No puedo soportar a tu hermana, **ni** a ese perrito peludo de ella.

11. Neither – Ninguno (Masculine)

Neither of them had any clue of what was going on.

Ninguno de ellos tenia idea de lo que estaba pasando.

12. Neither – Ninguna (Feminine)

Neither of the two choices suits me.

Ninguna de las dos opciones me convence.

13. But - Pero

I would invite you to the beach, **but** it is too cold to go.

Te invitaría a la playa, **pero** hace mucho frío para ir.

14. Then – Entonces

If you want more fries, **then** bring me more potatoes.

Si quieres más papas fritas, **entonces** tráeme más papas.

15. Or – O

Do you want a juice **or** a soda?

¿Quieres un zumo **o** una soda?

16. So – Así que

They didn't bring their homework, **so** I told them to do it here.

No trajeron la tarea, **así** que les dije que la hicieran aquí.

17. Although – Aunque

Although I was in a hurry, I took the time to read the instructions.

Aunque estaba apurado, me tomé el tiempo de leer las instrucciones.

18. As - Mientras

As we sit here talking, they have already arrived at their destination.

Mientras nos sentamos aquí a hablar, ellos ya llegaron a su destino.

19. As if – Como si

It's not **as if** it is my fault.

No es **como si** fuera mi culpa.

20. As long as – Mientras que

You can stay here **as long as** you help me with the store.

Puedes quedarte aquí **mientras que** me ayudes con la tienda.

21. As much as – Tanto como

I would like to earn **as much as** possible.

Me gustaría ganar **tanto como** sea posible.

22. As soon as – Tan pronto como

We will leave **as soon as** my daughter arrives.

Nos iremos **tan pronto como** venga mi hija.

23. As good as – Tan bueno como

You are never going to be **as good as** your master.

Nunca vas a ser **tan bueno como** tu maestro.

24. As though – Como si

It feels **as though as if** I had lifted a weight from my shoulders.

Se siente **como si** hubiese levantado un peso de mis hombros.

25. Why – Por qué

Why did you leave the door open?

¿**Por qué** dejaste la puerta abierta?

26. Because – Porque

He went home **because** he felt tired.

Se fue a casa **porque** se sintió cansado.

27. Because of – A causa de

We couldn't go **because of** the weather.

No pudimos ir **a causa** del clima.

28. By the time – Para cuando

It's going to be too late **by the time** we get there.

Va a ser muy tarde **para cuando** lleguemos allá.

29. However – Sin embargo

This car is expensive; **however**, it's worth it.

Este auto es caro; **sin embargo** vale la pena.

30. Even if – Incluso si

I will finish the course **even if** it takes me four hours.

Terminaré la pista **incluso si** me toma cuatro horas.

31. Even when – Incluso cuando

My cat is beautiful **even when** he sleeps.

Mi gato es hermoso **incluso cuando** duerme.

32. Even though – A pesar de

Even though he got there on time, the door was already closed.

A pesar de que llegó a tiempo, la puerta ya estaba cerrada.

33. If - Si

I cannot let you in **if** you don't show me your documents.

No te puedo dejar pasar **si** no me muestras tus documentos.

34. In order that – Para que

You must learn how to walk **in order that** you can learn how to run.

Debes aprender a caminar **para que** puedas aprender a correr.

35. In case – Por si

Let's fill the tank here **in case** we don't find any more gas.

Llenemos el tanque aquí **por si** no encontramos más gas.

36. Once – Una vez

Once we reach the island, we will continue on foot.

Una vez que lleguemos a la isla continuaremos a pie.

37. Only if - Solo si

Only if you close your eyes you will be able to hear it.

Solo si cierras los ojos podrás escucharlo.

38. Provided that – Siempre y cuando

I can wash the dishes **provided that** you cook.

Puedo lavar los platos **siempre y cuando** cocines.

39. Since – Desde

I haven't played that game **since** 1992.

No había jugado ese juego **desde** 1992.

40. So that – Con el fin de que

I bought this pillow **so that** my cat can sleep in it.

Compré esta almohada **con el fin de que** mi gato duerma en ella.

41. Than – Más ___ que

John is taller **than** Mike.

John es **más alto que** Mike

42. Than – Más ___ que

Today is sunnier **than** yesterday.

Hoy está **más soleado que** ayer.

43. That – Que

Here is the t-shirt **that** I bought for you.

Aquí está la camisa **que** compré para ti.

44. Although– Aunque

Although the sun was bright, the weather was pleasant.

Aunque el sol estaba brillante, el clima estuvo agradable.

45. Until – Hasta

We will wait for them **until** tomorrow morning.

Esperaremos por ellos **hasta** mañana por la mañana.

46. Unless – A menos que

Don't open the door **unless** they knock three times.

No abras la puerta **a menos que** toquen tres veces.

47. Until – Hasta

The power will be off **until** next week.

La electricidad estará cortada **hasta** la próxima semana.

48. Whenever – Siempre que

We should feed stray dogs **whenever** possible.

Deberíamos alimentar a los perros callejeros **siempre que** sea possible.

49. Where – Donde

That's the factory **where** he works.

Esa es la fábrica **donde** él trabaja.

50. Wherever – Donde sea que

They have to find the victims **wherever** they are.

Tienen que encontrar a las víctimas **donde sea que** se encuentren.

51. While – Mientras

The sun was rising **while** I was driving.

El sol estaba saliendo **mientras** conducía.

52. Of – De

This cabin is made **of** wood.

Esta cabaña está hecha **de** madera.

53. At – En

Tell them that we meet **at** the airport.

Diles que nos veamos **en** el aeropuerto.

54. With – Con

I decided to go **with** my mother.

Decidí ir **con** mi madre.

55. Into – En

I loaded the boxes **into** the truck.

Cargué las cajas **en** la camioneta.

56. From – De

She comes **from** a different planet.

Ella viene **de** un planeta diferente.

57. From – Desde

He was able to see the boat **from** the shore.

Él pudo ver el barco **desde** la orilla.

58. During – Durante

The baby cried **during** the entire game.

El bebé lloró **durante** todo el partido.

59. Including – Incluso

All dogs are beautiful, **including** stray dogs.

Todos los perros son hermosos, **inluso** los callejeros.

60. Against – Contra

The Pirates play **against** the Rangers today.

Los Piratas juegan **contra** los Rangers hoy.

61. Among – Entre

I am sure the traitor is **among** us.

Estoy seguro de que el traidor está **entre** nosotros.

62. Throughout – durante todo

You drove **throughout** the whole trip.

Tú manejaste **durante todo** el viaje.

63. Despite – A pesar de

Despite the traffic jam, we managed to arrive early.

A pesar del tráfico, pudimos llegar temprano.

64. Upon – Al

The packages will be checked **upon** arrival.

Los paquetes serán revisados **al** llegar.

65. Concerning – Con respecto a

I have something to say **concerning** your decision.

Tengo algo que decir **con respecto a** tu decisión.

66. Of – De

Here are the keys **of** your car.

Aquí tienes las llaves **de** tu auto.

67. To – Para

I have to get up **to** get to work.

Tengo que levantarme **para** ir a trabajar.

68. To – Para

Tell your brother to go with you **to** the store.

Dile a tu hermano que vaya contigo **a** la tienda.

69. Regarding – Sobre

I need information **regarding** my documents.

Necesito información **sobre** mis documentos.

70. Regardless – Independientemetne

I rather go **regardless** of your decision.

Prefiero ir **independientemente** de tu decisión.

71. By – Por

These houses were built **by** natives.

Estas casas fueron construídas **por** nativos.

72. About – Acerca de

The movie is **about** a robot who meets a human girl.

La película es **acerca de** un robot que conoce a una chica humana.

73. Like – Como

He is tall **like** your father.

Él es alto **como** tu padre.

74. Over – Sobre

Pass the bike **over** the fence.

Pasa la bici **sobre** la cerca.

75. Between – Entre

There is almost no space **between** the houses.

Casi no hay espacio **entre** las casas.

76. Without – Sin

I feel useless **without** my car.

Me siento inútil **sin** mi auto.

77. Along – A lo largo

We met a lot of people **along** the way.

Conocimos a mucha gente **a lo largo** del camino.

78. Following – Siguiente

She told me she would call the **following** week.

Ella me dijo que llamaría la semana **siguiente**.

79. Plus - Además

I think he is the perfect fit for the job, **plus** he has experience.

Creo que es la opción perfecta para el trabajo, **además** tiene experiencia.

80. Except – Excepto

I never oversleep, **except** for Sundays.

Nunca duermo de más, **excepto** los domingos.

Pronouns

81. I – Yo

I ride my bike every day.

Yo monto en bicicleta todos los días.

82. You – Tú

You should drive tonight.

Tú deberías manejar esta noche.

83. You – Usted (Indicates respect)

You are one of the best professors I ever had.

Usted es uno de los mejores profesores que he tenido

84. You – Ustedes (Plural)

You will be responsible for the equipment provided.

Ustedes serán responsables del equipamento otorgado.

85. He – Él

He is the son of the Minister.

Él es el hijo del Ministro.

86. She – Ella

She will be your guide today.

Ella será su guía hoy.

87. We – Nosotros

We have the best wines of the season.

Nosotros tenemos los mejores vinos de la temporada.

88. They – Ellos

They produce milk for the entire region.

Ellos producen leche para toda la región.

89. Me – Mí

I didn't know those letters were for **me**.

No sabía que esas cartas fueran para **mí.**

90. Him – Él

She handed the keys to **him.**

Ella le entregó las llaves a **él.**

91. Her – Ella

The flowers were supposed to be for **her**.

Se suponía que las flores eran para **ella**.

92. Us – Nosotros

Ask them to come with **us** to the party.

Pídeles que vengan con **nosotros** a la fiesta.

93. Them – Ellos

These are great news for **them**.

Estas son buenas noticias para **ellos.**

94. My – mi

My teacher told me to keep practicing.

Mi maestro me dijo que siguiera practicando.

95. Your – Tu

Your job is to park the cars.

Tu trabajo es estacionar los autos.

96. Her – Su

It is **her** choice if she wants to join us.

Es **su** decisión si quiere unirse a nosotros.

97. His – Su

It takes a lot of work to earn **his** trust.

Toma mucho trabajo ganarse **su** confianza.

98. Our – Nuestro

Our contract has ended.

Nuestro contrato ha terminado.

99. Their – Su

It is a shame they wasted **their** time.

Es una pena que perdieran **su** tiempo.

100. Mine – Mío (Masculine)

That car they are taking is **mine**.

Ese auto que se están llevando es **mío**.

101. Mine – Mía (Feminine)

And the motorcycle they took was **mine** as well.

Y la moto que se llevaron era **mía** también.

102. Yours – Tuyo

That coffee you took wasn't **yours**.

Ese café que tomaste no era **tuyo**.

103. His – Suyo

That pair of shoes is **his**.

Ese par de zapatos es **suyo**.

104. Hers – Suyo

The earrings are **hers**.

Los aretes son **suyos**.

105. Ours – Nuestro

The dog with the black spot on the eye is **ours**.

El perro con la mancha negra en el ojo es **nuestro**.

106.   Who – Quién

Who is the girl with the funny haircut?

¿**Quién** es la chica con el peinado gracioso?

107.   Whom – Quien

To **whom** it may concern.

A **quien** pueda interesar.

108.   Whose – De quién

¿**Whose** socks are these?

¿**De quién** son estas medias?

109.   Which – cuyo

In **which** case I would have to report this.

En **cuyo** caso tendría que reportar esto.

110.   That – Que

That's the store **that** I told you.

Esa es la tienda **que** te dije.

111.   What – que

You didn't do **what** I told you to do.

No hiciste lo **que** te dije que hicieras.

112.   Where – Donde

I will go **where** you lead me.

Yo iré a **donde** me lleves.

113.   When – Cuando

Wake me up **when** there is sunlight.

Despiértame **cuando** haya luz del sol.

114.   One – Uno

One was singing and the other was dancing.

Uno cantaba y el otro bailaba.

115.   Something – Algo

Do you need **something** from the store?

¿Necesitas **algo** de la tienda?

116.   Some people – Algunos

There will be **some people** from high school at the meeting.

Estarán **algunos** de la secundaria en la reunión.

117.   Anything – Nada

I don't want **anything** from him.

No quiero **nada** de él.

118.   Nobody – Nadie

Nobody knows where he is hiding.

Nadie sabe dónde se esconde.

119.   Anyone – Cualquiera

Anyone who breaks the rules will face the consequences.

Cualquiera que rompa las reglas se enfrentará las consecuencias.

120.   Everyone – Todos

Everyone with a red card step up front.

Todos los que tengan una tarjeta roja den un paso alante.

121.   Other – Otra (Feminine)

It will have to be one thing or the **other.**

Tendrá que ser una cosa o la otra.

122.   Another – Otro

We had to replace the fuse for **another** one.

Tuvimos que reemplazar el fusil por **otro**.

123.   This – Este

This is the bowl that I brought last night.

Este es el cuenco que traje anoche.

124.   These – Estos

These are my cat's toys.

Estos son los juguetes de mi gato.

125.   That – Aquel

We have to take **that** bus instead of this one.

Debemos tomar **aquel** bus en vez de este.

126.   Those – Aquellos

Those are the shoes she was wearing yesterday.

Aquellos son los zapatos que ella usaba ayer.

Adjectives and nouns

Adjectives

127.   Bored – Aburrido

I felt **bored** and I went for a walk.

Me sentí **aburrido** y fui a dar un paseo.

128.   Boring – Aburrido

The game last night was very **boring**.

El juego de anoche estuvo muy **aburrido**.

129.   Dull – Aburrido

The speech was very **dull**.

El discurso estuvo muy **aburrido**.

130.   Affectionate – Afectuoso

They separated after an **affectionate** hug.

Se separaron luego de un **afectuoso** abrazo.

131.   Agile – Ágil

He climbed to the ceiling like an **agile** robber.

Escaló hasta el techo como un **ágil** ladrón.

132.   Pleasant – Agradable

It was nice to find such a **pleasant** surprise.

Fue lindo encontrar una sorpresa tan **agradable**.

133.   Kind – Amable

It was very **kind** of you to help her cross the street.

Fue muy **amable** de tu parte ayudarla a cruzar la calle.

134.   Gentle – Sutil

The day was fresh and there was a **gentle** breeze.

El día estaba fresco y había una brisa **sutil.**

135.   Nice – Linda (Feminine)

We can catch a **nice** view from that mountain over there.

Podemos tener una **linda** vista desde aquella montaña de allí.

136.   Nice – Lindo (Masculine)

That red flower is a **nice** detail.

Esa flor roja es un **lindo** detalle.

137.   Resentful – Resentido

I'm sure he still feels **resentful** about last week.

Estoy seguro de que aún se siente **resentido** sobre la semana pasada.

138.   Bitter – Amargado (Person)

That guy was a **bitter** old man.

Ese tipo era un **viejo** amargado.

139.   Bitter – Amargo (Object)

I always prefer **bitter** chocolate over sweet.

Siempre prefiero el chocolate **amargo** en vez del dulce.

140.   Fervent – Ferviente

I have the **fervent** wish of a cold soda right now.

Tengo el **ferviente** deseo de un refresco frío justo ahora.

141.   Passionate – Apasionado

She is a **passionate** fan of soccer.

Es una fanática **apasionada** del fútbol.

142.   Ambitious – Ambicioso

The President has a very **ambitious** goal.

El Presidente tiene un objetivo muy **ambicioso**.

143.   Angelic – Angelical

She has a very **angelic** smile.

Ella tiene una sonrisa muy **angelical**.

144.   Ardent – Ardiente

The **ardent** flames consumed everything on their path.

Las llamas **ardientes** consumieron todo en su camino.

145.   Blazing – Abrasador

We walked for hours under the **blazing** sun.

Caminamos por horas bajo el sol **abrasador**.

146.   Obliging – Complaciente

He is always very **obliging** when he wants to obtain something.

Él siempre es muy **complaciente** cuando quiere obtener algo.

147.   Attentive – Atento

My students are **attentive** in every lesson.

Mis estudiantes están **atentos** en cada lección.

148.   Groggy – Atontado

I'm always a bit **groggy** when I wake up.

Siempre estoy un poco **atontado** cuando me levanto.

149.   Saucy – Atrevido

That add sure is very **saucy.**

Ese commercial si que es **atrevido**.

150.   Adventurous – Aventurero

I guess I am lucky to have such an **adventurous** life.

Supongo que tengo suerte de tener una vida tan **aventurera**.

151.   Lucky – Afortunado

I feel very **lucky** to have a roof above my head.

Me siento muy **afortunado** por tener un techo sobre mi cabeza.

152.   Sharp – Avispado

The fox was very **sharp** and soon deceived the rabbit.

El zorro fue muy **avispado** y pronto engañó al conejo.

153.   Vulgar – Vulgar

The way he ate that chicken was unnecessarily **vulgar**.

La forma en la que se comió ese pollo fue inecesariamente **vulgar**.

154.   Disgusting – Asqueroso

The smell in that place was **disgusting**.

El olor en ese lugar era **asqueroso**.

155.   Distasteful – De mal gusto

It was **distasteful** that he didn't invite her to the party.

Fue **de mal gusto** que él no la invitara a la fiesta.

156.   Bright – Brillante

The sun was so **bright** that morning that it was difficult to see.

El sol estaba tan **brillante** esa mañana que era difícil ver.

157.   Sneering – Burlón

He spoke in a **sneering** tone.

Él hablaba en un tono **burlón**.

158.   Cautious – Precavido

Luckily I was always the most **cautious** man of the world.

Por suerte siempre fui el hombre más **precavido** del mundo.

159.   Jealous – Celoso

My dog used to be **jealous** of my cat.

Mi perro solía estar **celoso** de mi gato.

160.   Cynical – Cínico

I consider his behavior to be **cynical**.

Considero que su comportamiento es **cínico**.

161.   Coherent – Coherente

I couldn't obtain a **coherent** answer.

No pude obtener una respuesta **coherente**.

162.   Thoughtful – Considerado

He is always so **thoughtful** towards his mother.

Él es siempre muy **considerado** hacia su madre.

163.   Considerate – Considerado

It is important to be **considerate** about the environment.

Es importante ser **considerado** con respecto al medioambiente.

164.   Dismayed – Consternado

He seemed **dismayed** about what he had to do.

Parecía **consternado** por lo que tenía que hacer.

165.　　　Concerned – Preocupado

I have been **concerned** about your grades for over a week.

He estado **preocupado** por tus notas por más de una semana.

166.　　　Hearty – Cordial

Thank you for such a **hearty** welcome.

Gracias por una bienvenida tan **cordial.**

167.　　　Blunt – Cortante

You don't have to be so **blunt** about it if you don't want to go.

No tienes que ser tan **cortante** al respecto si no quieres ir.

168.　　　Cruel – Cruel

People who don't feed street animals are **cruel.**

La gente que no alimenta a los animales de la calle es **cruel.**

169.　　　Careful – Cuidadoso

I am always **careful** around electricity.

Siempre soy muy **cuidadoso** cerca de la electricidad.

170.　　　Careless – Descuidado

I enjoy the **careless** style of your hair.

Disfruto el estilo **descuidado** de tu cabello.

171.　　　Curious – Curioso

My nephew is such **a curious** baby.

Mi sobrino es un bebé muy **curioso.**

172.		Easy-Going – De buen trato

The new teacher is very **easy-going**.

La nueva maestra es de muy **buen trato**.

173.		Short-tempered – De mal genio

You know she is a **short-tempered** woman.

Sabes que es una mujer **de mal genio**.

174.		Weak – Débil

I still feel **weak** from having the flu last week.

Aún me siento **débil** por haber tenido la gripe la semana pasada.

175.		Dependent – Dependiente

The church was **dependent** on the crown.

La iglesia era **dependiente** de la corona.

176.		Miserable – Abatido

I've been feeling **miserable** about the test's results.

Me he sentido **abatido** por los resultados de la prueba.

177.		Depressed – Deprimido

The rain makes me feel **depressed**.

La lluvia me hace sentir **deprimido**.

178.		Dowdy – Desaliñado

That kid always comes to school looking **dowdy**.

Ese niño siempre viene a la escuela **desaliñado**.

179.		Distrustful – Desconfiado

It is a good thing that he is **distrustful** towards strangers.

Es algo bueno que sea **desconfiado** hacia los extraños.

180.   Inconsiderate – Desconsiderado

You are **inconsiderate** for not taking them to school.

Eres un **desconsiderado** por no llevarlos a la escuela.

181.   Idle – Desocupado

There are no more **idle** spaces in the fair.

No hay más espacios **desocupados** en la feria.

182.   Diligent – Diligente

The new student is **diligent** and brings his homework on time.

El nuevo estudiante es **diligente** y entrega su tarea a tiempo.

183.   Tactful – Diplomático

The boss is very **tactful** when he talks to us.

El jefe es muy **diplomático** cuando nos habla.

184.   Direct – Directo

They will take a **direct** flight to get there on time.

Tomarán un vuelo **directo** para llegar allá a tiempo.

185.   Discreet – Discreto

You have to be **discreet** when referring to certain businesses.

Debes ser **discreto** cuando te refieras a ciertos negocios.

186.   Distant – Distante

She has been **distant** for the last couple of days.

Ella ha estado **distante** durante los últimos días.

187.   Absent-minded – Distraído

The job is not meant for **absent-minded** people.

El trabajo no está pensado para personas **distraídas**.

188.	Funny – Gracioso

Jack Black is a very **funny** man.

Jack Black es un hombre muy **gracioso**.

189.	Funniest – Más gracioso

But Jim Carrey is the **funniest** of them all.

Pero Jim Carrey es el **más gracioso** de todos.

190.	Hesitant – Dudoso

The client seemed **hesitant** about the deal.

El cliente parecía **dudoso** con respecto al trato.

191.	Sweet – Dulce

We tried a **sweet** wine yesterday.

Probamos un **vino** dulce ayer.

192.	Polite – Educado

He is usually very **polite** towards my family.

Usualmente él es muy **educado** con mi familia.

193.	Efficient – Eficiente

They are in need of some very **efficient** employees.

Necesitan algunos empleados muy **eficientes**.

194.	Selfish – Egoísta

I apologize if I am being **selfish**.

Me disculpo si estoy siendo **egoísta**.

195.   Smart – Inteligente

My cat is also very **smart**.

Mi gato también es muy **inteligente**.

196.   Elegant – Elegante

Not to mention, it is **elegant** and charming.

Sin mecionar que es **elegante** y encantador.

197.   Charming – Encantador

I have to admit it is the most **charming** cat I have ever had.

Debo admitir que es el gato más **encantador** que alguna vez tuve.

198.   Enterprising – Emprendedor

She is a woman with an **enterprising** spirit.

Ella es una mujer con un espíritu **emprendedor.**

199.   Energetic – Energético

I feel especially **energetic** after I drink my first coffee.

Me siento particularmente **energético** luego de que tomo mi primer café.

200.   Peevish – Malhumorado

He woke up **peevish** because of the heat.

Se despertó **malhumorado** por el calor.

201.   Conceited – Engreído

You have been **conceited** since you won the lottery.

Has sido un **engreído** desde que ganaste la lotería.

202.   Nosy – Entrometido

My grandmother is as **nosy** as anyone her age is.

Mi abuela es tan **entrometida** como cualquera de su edad lo es.

203.   Eager – Entusiasmado

I'm really **eager** about my new job.

Estoy muy **emocionado** por mi nuevo trabajo.

204.   Enthusiast – Aficionado

He is an **enthusiast** of miniature boats.

Es un **aficionado** de los botes en miniatura.

205.   Balanced – Equilibrado

I try to give my cats a **balanced** diet.

Trato de darles a mis gatos una dieta **equilibrada**.

206.   Boisterous – Escandalosa (Feminine)

It is a **boisterous** street with all those cars.

Es una calle **escandalosa** con todos esos autos.

207.   Stoic – Estoico

My cat has a **stoic** personality, but I know he loves me.

Mi gato tiene una personalidad **estoica**, pero yo sé que me ama.

208.   Stupid – Estúpido

Going out with this rain is a **stupid** idea.

Salir con esta lluvia es una idea **estúpida**.

209.   Excentric – Excéntrico

Einstein was known for his **eccentric** behavior.

Einstein era conocido por su comportamiento **excéntrico**.

210.   Experienced – Experimentado

They need an **experienced** professional for the job.

Necesitan a un profesional **experimentado** para el trabajo.

211.   Outgoing – Extrovertido

She is very **outgoing** and enjoys talking to people.

Ella es muy **extrovertida** y le gusta hablar con las personas.

212.   Zealous – Fervoroso

He is known for being a **zealous** follower of the cult.

Él es conocido por ser un **fervoroso** seguidor del culto.

213.   Reliable – Fiable

I'm sure you will make a **reliable** employee.

Estoy seguro de que serás un empleado **fiable**.

214.   Flabby – Fofo

I must admit my cat looks **flabby** lately.

Debo admitir que mi gato se ve **fofo** últimamente.

215.   Staid – Respetable

My old professor is a **staid** man.

Mi viejo profesor es un hombre **respetable**.

216.   Cold – Frío

It is too **cold** outside to go out.

Hace demasiado **frío** afuera como para salir.

217.   Generous – Generoso

Thank you for your **generous** gift.

Gracias por tu **generoso** regalo.

218.   Amusing – Divertido

The circus was an **amusing** experience.

El circo fue una experiencia **divertida**.

219.   Grouchy – Gruñón

He is **grouchy** because he lost the bet.

Está **gruñón** porque perdió la apuesta.

220.   Deft – Hábil

The race is a challenge even for a **deft** athlete.

La carrera es un reto incluso para un atleta **hábil**.

221.   Beautiful – Hermoso

This is a great chance to remind you how **beautiful** my cat is.

Esta es una buena oportunidad para recordarles lo **hermoso** que es mi gato.

222.   Hysterical – Histérico

He became **hysterical** when I didn't give him the answer.

Se puso **histérico** cuando no le di la respuesta.

223.   Slothful – Holgazán

I told you not to live with such a **slothful** man.

Te dije que no vivieras con un hombre tan **holgazán**.

224.   Awful – Terrible

It was an **awful** decision.

Fue una **decisión** terrible.

225.   Horrible – Horrible

I lost my money with that **horrible** movie.

Perdí mi dinero con esa **horrible** película.

226. Reclusive – Huraño

The tiger is a **reclusive** animal.

El tigre es un animal **huraño**.

227. Imaginative – Imaginativo

I was a very **imaginative** child.

Yo era una niña muy **imaginativa**.

228. Moronic – Imbécil

That song has a **moronic** message.

Esa canción tiene un mensaje **imbécil**.

229. Impatient – Impaciente

Don't be **impatient**, the pizza will be here soon.

No seas **impaciente**, la pizza llegará pronto.

230. Impetuous – Impetuoso

Horses have an **impetuous** spirit.

Los caballos tienen un espíritu **impetuoso**.

231. Impulsive – Impulsivo

We will not tolerate **impulsive** behaviors.

No toleraremos comportamientos **impulsivos**.

232. Independent – Independiente

I am a fan of **independent** cinema.

Soy fan del cine **independiente**.

233.   Childish – Infantil

It is a **childish** dream to have a ponny.

Tener un pony es un sueño **infantil**.

234.   Naive – Ingenuo

I was **naive** to think he would help me.

Fui **ingenuo** al pensar que me ayudaría.

235.   Immature – Inmaduro

You are being **immature** by not accepting your loss.

Estás siendo **inmaduro** al no aceptar tu pérdida.

236.   Restless – Inquieto

I was feeling **restless** before the exam.

Me sentía **inquieto** antes del examen.

237.   Tactless – Insensible

You were **tactless** when you mentioned her mustache.

Fuiste un **insensible** cuando mencionaste su bigote.

238.   Intelligent – Inteligente

My nephew is an **intelligent** child.

Mi sobrino es un niño **inteligente.**

239.   Clever – Ingenioso

Facebook was definitively a **clever** idea.

Facebook definitivamente fue una idea **ingeniosa**.

240.   Interesting – Interesante

She has an **interesting** marketing campaign.

Ella tiene una **interesante** campaña de marketing.

241.   Intolerant – Intolerante

I have always been **intolerant** towards racism.

Siempre he sido **intolerante** contra el racismo.

242.   Plucky – Intrépido

He was **plucky** when he walked near the fire.

Fue **intrépido** cuando caminó cerca del fuego.

243.   Playful – Juguetón

He was such a **playful** little kittie.

Era un gatito tan **juguetón**.

244.   Shrewd – Listo

He looks **shrewd** with his glasses on.

Se ve **listo** con los lentes puestos.

245.   Cry-baby – Llorón

Were you always such a **cry-baby**?

¿Siempre fuiste un bebé tan **llorón?**

246.   Mature – Maduro

Let's be **mature** and forget about it.

Seamos **maduros** y olvidémonos al respecto.

247.   Churlish – Maleducado

It would be **churlish** not to accept their invitation.

Sería **maleducado** no aceptar su invitación.

248.   Sulky – Malhumorado

She lately has that **sulky** expression on her face.

Ultimamente tiene esa expresión **malhumorada** en su cara.

249.   Crabby – Malhumorado

My dad has been acting **crabby** all day.

Mi papá se ha estado comportando **malhumorado** todo el día.

250.   Spiteful – Malicioso

She had a **spiteful** look on her face.

Ella tenía una mirada **maliciosa** en su cara.

251.   Nasty – desagradable

I had a **nasty** cold last week.

Tuve un **desagradable** resfriado la semana pasada.

252.   Maternal – Maternal

I certainly feel a **maternal** love for my cats.

Ciertamente siento un amor **maternal** por mis gatos.

253.   Gloomy – Melancólico

The rain puts me in a **gloomy** mood.

La lluvia me inspira un humor **melancólico.**

254.   Meticulous – Meticuloso

I am very **meticulous** with my work.

Soy muy **meticuloso** con mi trabajo.

255.   Mean – Malvado

The witch is a **mean** character.

La bruja es un personaje **malvado.**

256.   Greedy – Mezquino

I am rather **greedy** with my chocolate.

Soy mas bien **mezquino** con mi chocolate.

257.   Stingy – Tacaño

Don't be **stingy** when paying the bill.

No seas **tacaño** cuando toque pagar la cuenta.

258.   Demure – Modesto

She has a **demure** personality.

Ella tiene una personalidad **modesta**.

259.   Modest – Modesto

He is being **modest** about what he can do.

Está siendo **modesto** sobre lo que puede hacer.

260.   Fastidious – Fastidioso

It was a **fastidious** day because the sun was intense.

Fue un día **fastidioso** porque el sol era intenso.

261.   Annoying – Molesto

The donkey was such an **annoying** character.

El burro fue un personaje muy **molesto.**

262.   Caustic – Mordaz

I am often blamed for my **caustic** humor.

A menudo soy juzgada por mi humor **mordaz**.

263.   Nervous – Nervioso

I felt nervous until my **bus** arrived.

Me sentí nervioso hasta que llegó mi **autobús**.

264.   Obnoxious – Odioso

My neighbor has an **obnoxious** dog.

Mi vecino tiene un perro **odioso**.

265.   Proud – Orgulloso

You should feel **proud** of your achievements.

Deberías sentirte **orgulloso** de tus logros.

266.   Patient – Paciente

You need to be **patient** if you want to be a teacher.

Debes ser **paciente** si quieres ser un profesor.

267.   Peaceful – Pacífico

The river bank is such a **peaceful** place.

La orilla del río es un lugar muy **pacífico**.

268.   Passionate – Apasionado

I am **passionate** about mountain biking.

Soy un **apasionado** del ciclismo de montaña.

269.   Pensive – Pensativo

That movie is made to make you feel **pensive**.

Esa película está hecha para hacerte sentir **pensativo**.

270.   Lazy – Perezoso

I am too **lazy** to wash my own clothes.

Soy muy **perezoso** como para lavar mi propia ropa.

271.   Persevering – Perseverante

She is **persevering** and sooner or later will get to the goal.

Ella es **perseverante** y tarde o temprano llegará a la meta.

272.   Disruptive – Perturbador

The last Halloween had a **disruptive** effect on me.

El último halloween tuvo un efecto **perturbador** en mí.

273.   Sassy – Pícaro

Madonna's videos used to be **sassy** for her time.

Los videos de Madonna solían ser **pícaros** para su época.

274.   Powerful – Poderoso

The Ford Mustang has a **powerful** motor.

El Ford Mustang tiene un motor **poderoso**.

275.   Positive – Positivo

I feel very **positive** with respect to this new house.

Me siento muy positivo con **respecto** a esta nueva casa.

276.   Practical – Práctico

It is a **practical** workshop on pottery.

Es un taller sobre cerámica **práctico**.

277.   Snobby – Pretencioso

I don't want to sound **snobby**, but would I rather go somewhere else.

No quiero sonar **pretencioso**, pero preferiría ir a otro lugar.

278.   Provocative – Provocativo

She entered the room with a **provocative** attitude.

Ella entró a la habitación con una actitud **provocativa**.

279.   Prudent – Prudente

He was very **prudent** when it came to cheating.

Él era muy **prudente** cuando se trataba de hacer trampa.

280.   Punctual – Puntual

Being **punctual** in your job may be a good strategy.

Ser **puntual** en tu trabajo puede ser una buena estrategia.

281.   Fussy – Quisquilloso

I am rather **fussy** about what I put on my plate.

Soy más bien **quisquilloso** con lo que pongo en mi plato.

282.   Reluctant – Reacio

I felt **reluctant** to go into that room.

Me sentí **reacio** a entrar en ese cuarto.

283.   Realistic – Realista

As you grow older you get a more **realistic** view of life.

A medida que envejeces tienes una visión más **realista** de la vida.

284.   Leery – Receloso

I feel **leery** about the intentions behind his words.

Me ciento **receloso** de las intenciones detrás de sus palabras.

285.   Reserved – Reservado

I prefer being **reserved** in front of strangers.

Prefiero ser **reservado** delante de desconocidos.

286.   Responsible – Responsable

I am **responsible** only for my own actions.

Soy **responsable** solamente de mis propias acciones.

287.   Ridiculous – Ridículo

Why are you wearing that **ridiculous** suit tonight?

¿Por qué llevas ese **ridículo** traje esta noche?

288.   Discerning – Exigente

I am **discerning** with the quality of my work.

Soy **exigente** con la calidad de mi trabajo.

289.   Confident – Seguro

I feel **confident** I made the best decision.

Me siento **seguro** de haber tomado la mejor decisión.

290.   Sensible – Sensato

You have to learn to be **sensible** towards your money.

Debes aprender a ser **sensato** con tu dinero.

291.   Sensitive – Sensible

My brother is a **sensitive** artist.

Mi hermano es un artista **sensible.**

292.   Emotional – Sensible

I felt emotional and **nostalgic** during the week.

Me sentí sensible y **nostálgica** durante la semana.

293.   Serene – Sereno

The old town has a **serene** landscape.

El viejo pueblo tiene un paisaje **sereno.**

294.   Serious – Serio

Batman is a **serious** character.

Batman es un personaje **serio**.

295.   Helpful – Servicial

She is always **helpful** towards her elders.

Ella siempre es **servicial** con sus mayores.

296.   Stern – Severo

My father was **stern** as we were growing up.

Mi padre fue **severo** mientras crecíamos.

297.   Friendly – Simpático

If I am **friendly** with my clients, they will buy more.

Si soy **simpático** con mis clientes, comprarán más.

298.   Friendly – Amigable

I had never met such a **friendly** dog.

Nunca había conocido a un perro tan **amigable**.

299.   Honest – Honesto

It is difficult to find an **honest** worker nowadays.

Es difícil encontrar un trabajador **honesto** estos días.

300.   Sincere – Sincero

He felt the most **sincere** affection for your sister.

El sentía el más **sincero** aprecio por tu hermana.

301.   Sophisticated – Sofisticado

I don't need such a **sophisticated** system to train.

No necesito un sistema tan **sofisticado** para entrenar.

302.   Drowsy – Somnoliento

I have been this **drowsy** all week because of the pills.

He estado así de **somnoliento** toda la semana por las pastillas.

303.   Dirty – Sucio

The car is still **dirty** on the inside.

El auto aún está **sucio** por dentro.

304.   Superficial – Superficial

It was only a **superficial** wound.

Fue solo una herida **superficial.**

305.   Sullen – Sombría

His presence on the office was **sullen.**

Su presencia en la oficina era **sombría.**

306.   Talented – Talentoso

Michael Jackson was also a **talented** dancer.

Michael Jackson además era un bailarín **talentoso.**

307.   Shy – Tímido

I am very **shy** when it comes to approaching people.

Soy muy **tímido** cuando se trata de hablarle a la gente.

308.   Silly – Tonto

I told a **silly** joke and they all laughed.

Conté un chiste **tonto** y todos se rieron.

309.   Clumsy – Torpe

I am too **clumsy** to dance.

Soy demasiado **torpe** para bailar.

310.   Reassuring – Tranquilizador

It is **reassuring** to hear that the operation went well.

Es **tranquilizado**r escuchar que la operación salió bien.

311.   Quiet – Tranquilo

It is a **quiet** little town on the mountain.

Es un pueblo **tranquilo** en la montaña.

312.   Naughty – Travieso

Mine has always been a **naughty** dog.

El mío siempre ha sido un perro **travieso**.

313.   Sad – Triste

I can't help but feel **sad** about your situation.

No puedo evitar sentirme **triste** por tu situación.

314.   Dreary – Sombrío

He is the **dreary** character that gives life to this novel.

Él es el personaje **sombrío** que le da vida a esta novela.

315.   Brave – Valiente

I was never **brave** enough to ride a motorcycle.

Nunca fui lo suficientemente **valiente** para manejar una moto.

316.   Lively – Vivaz

Fortunately, you have a very **lively** personality.

Por suerte, tienes una personalidad muy **vivaz**.

317.   Colorful – Colorido

We are sure it is going to be a very **colorful** parade.

Estamos seguros de que va a ser un desfile muy **colorido**.

Nouns

318.   Cat – Gato

A **cat** is the most beautiful creature in the universe.

Un **gato** es la criatura más hermosa en el universo.

319.   Time – Vez

That only happened one **time** and it was not my fault.

Eso sucedió solo una **vez** y no fue mi culpa.

320.   Year – Año

I will do my best to achieve all of my goals this **year**.

Haré lo que pueda para lograr todas mis metas este **año**.

321.   Time – Tiempo

The temperature here tends to change over **time**.

La temperature aquí tiende a cambiar con el **tiempo**.

322.   Day – Día

It is going to be a long **day** if they don't connect the electricity.

Va a ser un largo **día** si no conectan la electricidad.

323.   Cosa – Thing

I have one more **thing** to say about that matter.

Tengo una **cosa** más que decir con respecto a ese asunto.

324.   Hombre – Man

My father is a tall **man** with glasses.

Mi padre es un **hombre** alto con anteojos.

325.   Part – Parte

This is the most boring **part** of the movie.

Esta es la **parte** más aburrida de la película.

326.   Life – Vida

Life on Earth would not be possible without the Sun.

La **vida** en la Tierra no sería posible sin el Sol.

327.   Moment – Momento

The bomb may explode at any given **moment**.

La bomba podría explotar en cualquier **momento**.

328.   Shape – Figura

I work out a lot so I don't lose my **shape**.

Entreno mucho para no perder mi **figura**.

329.   House – Casa

We moved to another **house** because the old one was too small.

Nos mudamos a otra **casa** porque la vieja era muy pequeña.

330.   World – Mundo

The **world** is a small place when you travel.

El **mundo** es un lugar pequeño cuando viajas.

331.   Woman – Mujer

Joan of Arc was a brave **woman**.

Juana de Arco fue una **mujer** valiente.

332.   Wife – Esposa

My **wife** will be mad at me if I pick a bad tomato.

Mi **esposa** se enojará conmigo si escojo un tomate malo.

333.   Case – Caso

The investigators need more clues to solve the **case**.

Los investigadores necesitan más pistas para resolver el **caso**.

334.   Occasion – Ocasión

I would like to use this **occasion** to invite you to our wedding.

Me gustaría usar esta **ocasión** para invitarlos a mi boda.

335.   Country – País

Venezuela was a very different **country** before socialism.

Venezuela era un **país** muy diferente antes del socialismo.

336.   Place – Lugar

We will need to find a better **place** to set the camp.

Necesitaremos encontrar un mejor **lugar** para armar el campamento.

337.   Person – Persona

I used to be a different **person** when I left my country.

Solía ser una **persona** differente cuando dejé mi país.

338.   Hour/Time – Hora

We are supposed to meet with the teacher in an **hour**.

Se supone que nos reunimos con el profesor en una **hora**.

339.   Work – Trabajo

If I miss my bus, I will be late for **work**.

Si pierdo el bus llegaré tarde al **trabajo**.

340.   Effort – Esfuerzo

It takes a lot of **effort** to get good grades.

Se necesita mucho **esfuerzo** para obtener buenas calificaciones.

341.   Point – Punto

My friend said the most important **point** during the discussion.

Mi amigo dijo el **punto** más importante durante la discusión.

342.   Dot – Punto

What are all those little **dots** on the wall?

¿Qué son todos esos pequeños **puntos** en la pared?

343.   Period – Punto

There is a huge difference between a **period** and a comma.

Hay una enorme diferencia entre un **punto** y una coma.

344.   Period – Época

The Middle Ages were a dark **period** of time.

La Edad Media fue una **época** oscura en el tiempo.

345.   Hand – Mano

My **hand** has been swollen since the surgery.

Mi **mano** ha estado hinchada desde la cirugía.

346.   Way – Manera

The fastest **way** to get there is by train.

La **manera** más rápida de llegar es en tren.

347.   End – Fin

The bridge marked the **end** of the road.

El puente marcaba el **fin** de la carretera.

348.   Type – Tipo

This **type** of plant grows only on interiors.

Este **tipo** de planta solo crece en interiores.

349.   People – Gente

I thought there would be more **people** at the party.

Pensé que habría más **gente** en la fiesta.

350.   Example – Ejemplo

South Korea is a great **example** of progress.

Corea del Sur es un gran **ejemplo** de progreso.

351.   Lado – Side

The store is on the other **side** of the street.

La tienda está al otro **lado** de la calle.

352.   Son – Hijo

My cat is truly like my **son**.

Mi gato es realmente como mi **hijo**.

353.   Daughter – Hija

My sister has a 10-year-old **daughter**.

Mi hermana tiene una **hija** de 10 años.

354.   Children – Hijos

All of your friends have **children**.

Todos tus amigos tienen **hijos**.

355.   Boy – Muchacho

That **boy** doesn't know how to drive.

Ese **muchacho** no sabe manejar.

356.   Boy – Niño

He was adopted when he was just a **boy**.

Él fue adoptado cuando era solo un **niño**.

357.   Girl – Muchacha

My mother was a beautiful **girl** when she was younger.

Mi madre era una **muchacha** hermosa cuando era más joven.

358.   Girl – Niña

It's a movie about a **girl** and her dog.

Es una película sobre una **niña** y su perro.

359.   Boyfriend – Novio

I thought your sister had a good **boyfriend**.

Pensé que tu hermana tenía un buen **novio**.

360.   Girlfriend – Novia

My **girlfriend** never cooks for me.

Mi **novia** nunca cocina para mí.

361.   Problem – Problema

We hope we are able to solve your **problem**.

Esperamos poder solucionar su **problema**.

362.   Bill – Cuenta

I paid for the entire gas **bill**.

Yo pagué toda la **cuenta** de gas.

363. Account – Cuenta

He went to open a bank **account**.

Él fue a abrir una **cuenta** de banco.

364. Middle – Medio

That club is located in the **middle** of nowhere.

Ese club está ubicado en el **medio** de la nada.

365. Word – Palabra

She gave me her **word** that the documents were ready.

Ella me dio su **palabra** de que sus documentos estaban listos.

366. Father – Padre

My **father** wants me to go on a fishing trip with him.

Mi **padre** quiere que vaya con él en un viaje de pesca.

367. Change – Cambio

Finding a better job is an important **change**.

Encontrar un mejor trabajo es un **cambio** importante.

368. History – Historia

We are living an important moment in **history**.

Estamos viviendo un momento importante en la **historia**.

369. Idea – Idea

Solar panels are a great **idea**.

Los paneles solares son una **idea** genial.

370. Water – Agua

The world had never faced such an imminent **water** crisis.

El mundo nunca se había enfrentado a una crisis del **agua** tan inminente.

371.   Night – Noche

Dracula is a creature of the **night**.

Drácula es una criatura de la **noche**.

372.   Evening – Velada

It was an interesting **evening** because of the company.

Fue una **velada** interesante gracias a la compañía.

373.   City – Ciudad

I would not be able to live in a big **city**.

No sería capaz de vivir en una gran **ciudad**.

374.   Way – Modo

Not eating meat is a **way** of living.

No comer carne es un **modo** de vida.

375.   Name – Nombre

Pleased to meet you, hope you guess my **name**.

Encantado de conocerte, espero que adivines mi **nombre**.

376.   Family – Familia

I consider my pets to be part of my **family**.

Considero mis mascotas como parte de mi **familia**.

377.   Reality – Realidad

Newspapers say something, but the **reality** is different.

Los periódicos dicen algo, pero la **realidad** es diferente.

378.   Book – Libro

He lent me a **book** but I didn't read it.

Él me prestó un **libro** pero no lo leí.

379.   Deed – Obra

Helping someone out is a good **deed.**

Ayudar a alguien es una buena **obra.**

380.   Truth – Verdad

We don't know the **truth** about the food industry.

No sabemos la **verdad** sobre la industra alimentaria.

381.   Month – Mes

It's been an entire **month** since we had ice cream.

Ha pasado un mes **complete** desde que comimos helado.

382.   Reason – Razón

There is no **reason** to be afraid of the police.

No hay **razón** para tenerle miedo a la policía.

383.   Group – Grupo

Most of the work has been done by a **group** of volunteers.

La mayor parte del trabajo ha sido hecha por un **grupo** de voluntarios.

384.   Relationship – Relación

Trust is the base of a good **relationship**.

La confianza es la base de una buena **relación**.

385.   Body – Cuerpo

You must take care of your mind and your **body**.

Debes cuidar tu mente y tu **cuerpo**.

386.   Fact – Hecho

It is a known **fact** that dogs don't like lemon.

Es un **hecho** conocido que los perros no les gusta el limón.

387.   Principle – Principio

The campaign is based on the **principle** of sharing.

La campaña está basada en el **principio** de compartir.

388.   Prince – Príncipe

I never got to play **Prince** of Persia on its early versions.

Nunca pude jugar **Príncipe** de Persia en sus primeras versiones.

389.   Village – Pueblo

The base is located in a **village** near the border.

La base se encuentra en un **pueblo** cerca de la frontera.

390.   Afternoon – Tarde

Another **afternoon** of coffee and donuts.

Otra **tarde** de café y donas.

391.   Eye – Ojo

An **eye** for an **eye** and a tooth for a tooth.

Ojo por **ojo** y diente por diente.

392.   Street – Calle

People make lines on the **street** for hours to buy basic supplies.

La gente hace colas en la **calle** por horas para comprar productos básicos.

393.   Strength – Fuerza

North Korea doesn't have the **strength** to fight America.

Corea del Norte no tiene la **fuerza** para luchar contra Estados Unidos.

394.   Power – Poder

The United States still has the **power** to stop a war.

Los Estados Unidos aún tienen el **poder** de detener una guerra.

395.   Light – Luz

Ibiza Light Festival is a spectacle of **light** and color.

Ibiza Light Festival es un espectáculo de **luz** y color.

396.   Saint – Santo

In most of Latin America, people pray to a **Saint**.

En la mayor parte de Latinoamérica la gente le reza a un **Santo**.

397.   Friend – Amigo

It's always a good thing to leave a **friend** in every city you visit.

Siempre es bueno dejar a un **amigo** en cada ciudad que visitas.

398.   Sense – Sentido

Reggaeton music doesn't make **sense**.

El reguetón no tiene **sentido**.

399.   Feeling – Sentimiento

I left the room with an awkward **feeling**.

Me fui de la sala con un **sentimiento** incómodo.

400.   Step – Paso

This is a process that has to be done **step** by **step**.

Este es un proceso que debe ser hecho **paso** a **paso**.

401.   Pace – Ritmo

You will have to walk at the same **pace** as me or you'll get behind.

Tendrás que caminar al mismo **ritmo** que yo o te quedarás atrás.

402.   Situation – Situación

I'm sure I will be able to handle the **situation** if the day comes.

Estoy segura que podré manejar la **situación** si el día llega.

403.   Grace – Gracia

People ask "what is your **grace**" in Argentina when they want to know your name.

La gente pregunta "cuál es tu **gracia**" en Argentina cuando quieren saber tu nombre.

404.   Century – Siglo

Still, in this **century**, the Pope is an important figure.

Aún en este **siglo,** el Papa es una figura importante.

405.   Age – Edad

I had never met anybody of my own **age** around here.

Nunca había conocido a alguien con mi misma **edad** por aquí.

406.   God – Dios

God is the central figure of every religion's mythology.

Dios es la figura central de la mitología de cada religión.

407.   Earth – Tierra

Earth is the only **planet** in our solar system with intelligent life.

La Tierra es el único **planeta** en nuestro sistema solar con vida inteligente.

408.   Land – Tierra

People used to refer to the United States as a **land** of opportunities.

La gente solía referirse a los Estados Unidos como una **tierra** de oportunidades.

409.   Soil – Tierra

These seeds are meant to be put directly in the **soil**.

Estas semillas deben colocarse directamente en la **tierra**.

410.   Paper – Papel

Nobody sends a letter on **paper** these days.

Nadie envía una carta en **papel** actualmente.

411.   Role – Papel

I cannot think of a better actor to play that **role**.

No puedo pensar en un mejor actor para representar ese **papel**.

412.   Mother – Madre

I'm grateful I had such a good **mother**.

Estoy agradecida de haber tenido a tan buena **madre**.

413.   Theme – Tema

I've just downloaded a new **theme** for Windows.

Acabo de descargar un nuevo **tema** para Windows.

414.   Class – Clase

Hurry up or you will be late for your salsa **class**.

Apúrate o llegarás tarde a tu **clase** de salsa.

415.   Money – Dinero

He finally made enough **money** to pay the rent.

Por fin ganó suficiente **dinero** para pagar la renta.

416.   Field – Terreno

Chile has a very good **field** to practice motocross.

Chile tiene un muy buen **terreno** para practicar motocross.

417.   Country – Campo

Perhaps we should go live in the **country** for a while.

Tal vez deberíamos ir a vivir en el **campo** por un tiempo.

418.   Head – Cabeza

You almost do not have a single hair on your **head**.

Casi no tienes un solo pelo en tu **cabeza**.

419.   Orden – Order

It is time to bring the **order** back to this classroom.

Es hora de devolver el **orden** a este salón.

420.   Week – Semana

It's been an incredibly long **week** with this teacher.

Ha sido una **semana** increíblemente larga con este profesor.

421.   View – Vista

This spot has the best **view** of the city.

Este lugar tiene la mejor **vista** de la ciudad.

422.   Sight – Vista

I hope I don't lose my **sight** when I am old.

Espero no perder la **vista** cuando sea viejo.

423.   Agreement – Acuerdo

Fortunately, we were able to come to an **agreement** to solve the problem.

Por suerte fuimos capaces de llegar a un **acuerdo** para resolver el problema.

424.   Number – Número

You gave me the wrong phone **number**.

Me diste el **número** de teléfono equivocado.

425.   Bottom – Fondo

The Titanic was finally found at the **bottom** of the sea.

El Titanic fue finalmente encontrado en el **fondo** del mar.

426.   Road – Carretera

There are a couple of restaurants on the side of the **road.**

Hay un par de restaurants a un lado de la **carretera.**

427.   Route – Ruta

We will have to take the old **route** if we want to get there on time.

Tendremos que tomar la vieja **ruta** si queremos llegar a tiempo.

428.   Path – Camino

He is on the right **path** to becoming an engineer.

Él está en el **camino** correcto para convertirse en ingeniero.

429.   Voice – Voz

Pop music basically consists in singing with a noisy **voice.**

La música pop básicamente consiste en cantar con una **voz** chillona.

430.   Value – Valor

Riding a bike will definitively add **value** to your life.

Montar en una bicicleta definitivamente añadirá **valor** a tu vida.

431.   Measurement – Medida

I am not sure I have the right **measurements** for this table.

No estoy segura de tener las **medidas** correctas para esta mesa.

432.   Need – Necesidad

There are many people in the world who are in **need**.

Hay muchas personas en el mundo que pasan **necesidad**.

433.   Condition – Condición

The truck is not in the best **condition**, but it can be fixed.

El camión no está en la mejor **condición**, pero se puede arreglar.

434.   Lack – Falta

With the **lack** of water, plants are starting to dry.

Con la **falta** de agua, las plantas se están comenzando a secar.

435.   Shortage – Escasez

The **shortage** of basic products in Venezuela is unparalleled.

La **escasez** de productos básicos en Venezuela es inaudita.

436.   State – Estado

The **State** doesn't do anything to solve the situation.

El **Estado** no hace nada para resolver la situación.

437.   Being – Ser

I miss my country with all my **being**.

Extraño mi país con todo mi **ser**.

438.   Door – Puerta

My **door** is always open to stray animals.

Mi **puerta** siempre está abierta para animales callejeros.

439.   Face – Cara

The doctor had a weird expression on his **face**.

El doctor tenía una expresión rara en la **cara.**

440.   Age – Época

Technology has completely shaped the modern **age**.

La tecnología ha dado forma totalmente a la **época** moderna.

441.   Color – Color

I would only try that car in a different **color**.

Solo probaría ese auto en un **color** diferente.

442.   Experience – Experiencia

He doesn't have the necessary **experience** for the job

Él no tiene la **experiencia** necesaria para el trabajo.

443.   Movement – Movimiento

Any sudden **movement** may cause this building to fall.

Cualquier **movimiento** repentino podría causar que se cayera este edificio.

444.   Sorrow – Pesar

He still carries a deep **sorrow** for his brother's death.

Él todavía lleva un profundo **pesar** por la muerte de su hermano.

445.   Possibility – Posibilidad

Failure is not a **possibility**.

El fracaso no es una **posibilidad**.

446.   Game – Juego

I have all the **snacks** for tonight's **game**.

Tengo todas las chucherías para el **juego** de hoy.

447.   Sport – Deporte

It is important to practice any **sport** in order to be healthy.

Es importante practicar cualquier **deporte** para estar saludable.

448.   Air – Aire

You can **breathe** a different air in the country.

Se **respira** un aire diferente en el campo.

449.   Wind – Viento

These boats depend on the **wind** to sail.

Estos barcos dependen del **viento** para navegar.

450.   War – Guerra

War itself is one of the most important businesses right now.

La **guerra** en sí es uno de los negocios más importantes actualmente.

451.   Result – Resultado

I finally have the **result** of the test.

Por fin tengo el **resultado** de la prueba.

452.   Law – Ley

Don't do anything against the **law** this weekend.

No hagan nada contra la **ley** este fin de semana.

453.   Rule – Regla

The new **rule** is not to wear anything blue.

La nueva **regla** es no usar nada azul.

454.   Aspect – Aspecto

That type of window will definitively improve the **aspect** of the house.

Ese tipo de ventana definitivamente mejora el **aspecto** de la casa.

455.   Appearance – Apariencia

You have to take care of the **appearance** and the engine of your car.

Tienes que cuidar de la **apariencia** y del motor de tu auto.

456.   Foot – Pie

My uncle has six toes on his **foot**.

Mi tío tiene seis dedos en su **pie**.

457.   Feet – Pies

My **feet** were swollen from walking that much.

Mis **pies** estaban hinchados de caminar tanto.

458.   Species – Especie

Cats are one of the most intelligent **species** on Earth.

Los gatos son una de las **especies** más inteligentes en la Tierra.

459.   Service – Servicio

That restaurant has an excellent **service**.

Ese restaurant tiene un **servicio** excelente.

460.   Actividad – Activity

Mining is the city's main **activity**.

La minería es la **actividad** principal de la ciudad.

461.   Action – Acción

The fire alarm was the call for **action**.

La alarma de fuego fue la llamada a la **acción**.

462.   Matter – Cuestión

It was only a **matter** of time before they found out.

Era solo **cuestión** de tiempo antes de que se enteraran.

463.   Question – Pregunta

Can I ask you a **question**?

¿Puedo hacerte una **pregunta**?

464.   Answer – Respuesta

Sure, but don't hope for an honest **answer**.

Claro, pero no esperes una **respuesta** sincera.

465.   Doubt – Duda

Let me know if you have any **doubts**.

Déjame saber si tienes alguna **duda**.

466.   Difference – Diferencia

There is no **difference** between those two.

No hay **diferencia** entre aquellos dos.

467.   Morning – Mañana

He is usually very active during the **morning**.

Generalmente es muy activo durante la **mañana**.

468.   Quantity – Cantidad

The result depends on the **quantity** of water you use.

El resultado depende de la **cantidad** de agua que uses.

469.   Society – Sociedad

Drinking is not well accepted in **society.**

Beber no está bien aceptado en la **sociedad.**

470.   Peso – Weight

This bike can carry a lot of **weight**.

Esta bici puede llevar mucho **peso.**

471.   Effect – Efecto

That color is an **effect** of radiation.

Ese color es un **efecto** de la radiación.

472.   Object – Objeto

She saw a weird **object** flying in the sky.

Ella vió a un **objeto** extraño volando en el cielo.

473.   Thing – Cosa

My cat is playing with a **thing** on the floor.

Mi gato está jugando con una **cosa** en el piso.

474.   Love – Amor

My cat is the **love** of my life.

Mi gato es el **amor** de mi vida.

475.   Death – Muerte

We will be together until **death** does us apart.

Estaremos juntos hasta que la **muerte** nos separe.

476.   Party – Partido

The Democrats were the winner **party** again.

Los demócratas fueron el **partido** ganador de nuevo.

477.   Party – Fiesta

I'm having a **party** at my house tonight.

Haré una **fiesta** en mi casa esta noche.

478.   Right – Derecho

He has the **right** to know if his son approved the test.

Él tiene el **derecho** a saber si su hijo aprobó la prueba.

479.   Justice – Justicia

Batman fights for **justice** in Gotham City.

Batman lucha por la **justicia** en la ciudad de Gotham.

480.   Importance – Importancia

We cannot underestimate the **importance** of this matter.

No podemos subestimar la **importancia** de este asunto.

481.   System – Sistema

The **system** does not recognize your voice.

El **sistema** no reconoce su voz.

482.   Trip – Viaje

It's going to be a long **trip** until Barcelona.

Va a ser un largo **viaje** hasta Barcelona.

483.   Stroll – Paseo

We can take a **stroll** around the central square.

Podemos tomar un **paseo** alrededor de la plaza central.

484.   Walk – Caminata

After a long **walk**, we finally arrived at the place.

Luego de una larga **caminata** por fin llegamos al lugar.

485.   Floor – Suelo

There are pieces of **glass** all over the floor.

Hay pedazos de **vidrio** por todo el suelo.

486.   Respect – Respeto

Respect is something you must earn.

El **respeto** es algo que debe ganarse.

487.   Knowledge – Conocimiento

I have limited **knowledge** on the subject.

Tengo **conocimiento** limitado en el tema.

488.   Freedom – Libertad

We have to defend **freedom** of expression in this country.

Tenemos que defender la **libertad** de expresión en este país.

489.   Attention – Atención

One of my students was not paying **attention** to the lesson.

Uno de mis estudiantes no estaba prestando **atención** a la lección.

490.   Rest – Resto

The **rest** of the students did great on the test.

El **resto** de los estudiantes lo hicieron muy bien en la prueba.

491.   Leftovers – Sobras

I always take my **leftovers** in a doggie bag.

Siempre llevo mis **sobras** en una bolsa para el perro.

492.   Fear – Miedo

Fear can be a huge obstacle.

El **miedo** puede ser un obstáculo enorme.

493.   Process – Proceso

Making bread is a long **process**.

Hacer pan es un largo **proceso**.

494.   Minute – Minuto

I would not stand one **minute** outside with this cold.

No soportaría un **minuto** afuera con este frío.

495.   Table – Mesa

We will need a long **table** for so many people.

Necesitaremos una **mesa** larga para tanta gente.

496.   Opportunity – Oportunidad

This conference is a good **opportunity** for business.

Esta conferencia es una buena **oportunidad** para los negocios.

497.   Program – Programa

Make sure all lessons are done according to the **program**.

Asegúrese de que todas las lecciones se hagan según el **programa**.

498.   Line – Línea

There is a thin **line** between one thing and the other.

Hay una delgada **línea** entre una cosa y la otra.

499. Space – Espacio

I don't have enough **space** in my garage.

No tengo **espacio** suficiente en mi garaje.

500. Room – Sala

The **room** was full of patients waiting to be cured.

La **sala** estaba llena de pacientes esperando para ser curados.

501. Level – Nivel

I had been stuck in that **level** for days.

Había estado atrapado en ese **nivel** por días.

502. Government – Gobierno

Our **government** is not doing anything to solve the issue.

Nuestro **gobierno** no está hacienda nada para resolver el asunto.

503. Edge – Borde

I fell off the **edge** of the pool.

Me caí del **borde** de la piscina.

504. Image – Imagen

I can't get the **image** of that sunset out of my head.

No puedo sacar la **imagen** de ese atardecer de mi cabeza.

505. Career – Carrera

Your **career** as a lawyer is just starting.

Tu **carrera** como abogado está apenas empezando.

506.   Race – Carrera

There has to be a winner in every **race**.

Debe haber un ganador en cada **carrera**.

507.   Figure – Figura

A tennis player usually has a nice **figure**.

Un jugador te tenis generalmente tiene una linda **figura**.

508.   Animal – Animal

My sister eats like an **animal** when she drinks.

Mi hermana come como un **animal** cuando toma.

509.   Base – Base

That area is the **base** camp for the team.

Aquella zona es el campamento **base** para el equipo.

510.   Cause – Causa

An animal shelter is a good **cause** to raise money.

Un refugio animal es una buena **causa** para recaudar dinero.

511.   Proof – Prueba

This is not enough **proof** that my client is guilty.

Esta no es **prueba** suficiente de que mi cliente sea culpable.

512.   Test – Prueba

I need to pass the **test** tomorrow.

Necesito pasar la **prueba** mañana.

513.   Trial – Juicio

My brother is going on a **trial** against the company.

Mi hermano va a tener un **juicio** contra la compañía.

514.   Fact – Dato

I have to collect important **facts** for this research project.

Debo recolectar **datos** importantes para este proyecto de investigación.

515.   Enterprise – Empresa

This **enterprise** was founded at the beginning of the century.

Esta **empresa** fue fundada al principio del siglo.

516.   Company – Compañía

Coca-Cola may just be the biggest **company** in the world.

Coca-Cola podría ser la **compañía** más grande del mundo.

517.   Affair – Asunto

A lot of important figures were involved in the Panamá **affair**.

Muchas figuras importantes estuvieron involucradas en el **asunto** de Panamá.

518.   Presence - Presencia

We are delighted by her **presence** here.

Estamos fascinados con su **presencia** aquí.

519.   Culture – Cultura

Learning a new **culture** is part of learning a new language.

Aprender una nueva **cultura** es parte de aprender un nuevo idioma.

520.   Series – Serie

Breaking Bad is one of the best TV **series** ever made.

Breakng Bad es una de las mejores **series** de TV jamás hechas.

521.   Personality – Personalidad

Your laziness is not one of the best traits of your **personality**.

Tu flojera no es uno de los mejores rasgos de tu **personalidad**.

522.   Character – Personaje

I always prefer mean **characters** over superheroes.

Siempre prefiero a los **personajes** malvados antes que a los súper héroes.

523.   Temper – Carácter

She has a bad **temper** in the morning, she is usually calmer by noon.

Tiene un mal **carácter** en la mañana, usualmente es más calmada a mediodía.

524.   Nature – Naturaleza

Cats are loving creatures by **nature**.

Los gatos son criaturas amorosas por **naturaleza**.

525.   Majority – Mayoría

The **majority** of the people did not vote.

La **mayoría** de la gente no votó.

526.   School – Escuela

They are building a new fence for my **school**.

Están construyendo una nueva reja para mi **escuela**.

527.   University – Universidad

This was the first **university** to be built in the country.

Esta fue la primera **universidad** que se construyó en el país.

528.   College – Universidad

I want to go to **college** when I grow up.

Quiero ir a la **universidad** cuando crezca.

529.   Writer – Escritor

Some people are not cut out to be a **writer**.

Algunas personas no están hechas para ser un **escritor**.

530.   Author – Autor

I heard the **author** of the play didn't enjoy the adaptation.

Escuché que el **autor** de la obra no disfrutó la adaptación.

531.   Brother – Hermano

His **brother** is the owner of the company.

Su **hermano** es el dueño de la compañía.

532.   Function – Función

The **function** of this gate is to guard what's inside.

La **función** de esta reja es proteger lo que está dentro.

533.   Meeting – Reunión

I was almost late for the **meeting** this morning.

Casi llego tarde a mi **reunión** de esta mañana.

534.   Decision – Decisión

I've made the **decision** of quitting my job.

He tomado la **decisión** de dejar mi trabajo.

535.   Music – Música

My sister is a fan of blues **music**.

Mi hermana es fanática de la **música** blues.

536.   Expression – Expresión

She had such a happy **expression** on her face.

Tenía una **expresión** muy feliz en su cara.

537.   River – Río

We felt like swimming in the **river** for a while.

Nos entraron ganas de nadar en el **río** por un rato.

538.   Security – Seguridad

The **security** in the city is controlled by a smart system.

La **seguridad** en la ciudad es controlada por un sistema inteligente.

539.   Term – Término

The **term** "meme" has been in use since 2000.

El **término** "meme" ha estado en uso desde el 2000.

540.   Doctor – Médico

It is not easy to find a good **doctor** in this town.

No es fácil encontrar un buen **médico** en este pueblo.

541.   Subway – Metro

We'll be late if we don't take the **subway**.

Llegaremos tarde si no tomamos el **metro**.

542.   Art – Arte

My brother is very proud of his **art**.

Mi hermano está muy orgulloso de su **arte**.

543.   Consequence – Consecuencia

The dry season is a **consequence** of global warming.

La temporada de sequía es una **consecuencia** del calentamiento global.

544. Trouble – Problema

I didn't have any **trouble** finishing the whole bottle.

No tuve ningún **problema** para terminar la botella completa.

545. Shame – Pena

It is a **shame** having to sell your stuff.

Es una **pena** tener que vender tus cosas.

546. Second – Segundo

Your whole world can change in a **second.**

Todo tu mundo puede cambiar en un **segundo**.

547. Height – Altura

My **height** has never been an issue.

Mi **altura** nunca ha sido un problema.

548. Teenager – Adolescente

Every **teenager** wants to be a superhero.

Todo **adolescente** quiere ser un súper héroe.

549. Sueño – Dream

It is important to have a **dream** to advance in life.

Es importante tener un **sueño** para avanzar en la vida.

550. Task – Tarea

Make sure to finish each **task** before going to the next one.

Asegúrese de completar cada **tarea** antes de pasar a la siguiente.

551. Letter – Carta

I signed my **resignation** letter today.

Firmé mi cata de **renuncia** hoy.

552.   Card – Tarjeta

You should pay using your credit **card**.

Deberías pagar con tu **tarjeta** de crédito.

553.   Property – Propiedad

From this point on this is private **property**.

De este punto en adelante es **propiedad** privada.

554.   Product – Producto

We strive to offer a high-quality **product**.

Nos esforzamos para ofrecer un **producto** de alta calidad.

555.   Taste – Gusto

It takes a good **taste** to choose this wine.

Se necesita buen **gusto** para elegir este vino.

556.   Pleasure – Gusto

In fact, it is a **pleasure** to drink it.

De hecho, es un **gusto** tomarlo.

557.   Help – Ayuda

It is always valid to ask for **help** when needed.

Siempre es válido pedir **ayuda** cuando se necesita.

558.   Language – Idioma

This is the fourth **language** I have tried to learn.

Este es el cuarto **idioma** que he intentado aprender.

559.   Tongue – Lengua

They would cut my **tongue** out if I told their secret.

Me cortarían la **lengua** si contara su secreto.

560.   Project – Proyecto

I quitted my job to start my own **project**.

Dejé mi trabajo para iniciar mi propio **proyecto**.

561.   Memory – Memoria

I have a terrible **memory** for faces.

Tengo una **memoria** terrible para las caras.

562.   Origin – Origen

Atari represented the **origin** of video games.

Atari representó el **origen** de los videojuegos.

563.   Element – Elemento

Silicon is an **element** needed to make cell phones.

El silicio es un **elemento** necesario para hacer teléfonos celulares.

564.   Market – Mercado

I haven't gone to the **market** this week.

No he ido al **mercado** esta semana.

565.   Course – Curso

This will be my second **course** in psychology.

Este será mi segundo **curso** de psicología.

566.   Blood – Sangre

The doctors need a sample of your **blood.**

Los doctores necesitan una muestra de tu **sangre**.

567.　　　Arm – Brazo

Everyone has one **arm** longer than the other.

Todo el mundo tiene un **brazo** más largo que el otro.

568.　　　Professor – Profesor

He was my **professor** at the university.

Él fue mi **profesor** en la universidad.

569.　　　Future – Futuro

You should always save some money for the **future.**

Deberías siempre guardar algo de dinero para el **futuro**.

570.　　　Memory – Recuerdo

The **memory** of my country never leaves me.

El **recuerdo** de mi país nunca me deja.

571.　　　Peace – Paz

World **peace** is not possible with this system.

La **paz** mundial no es posible con este sistema.

572.　　　News – Noticias

Did you read the **news** today?

¿Leíste las **noticias** hoy?

573.　　　Circumstance – Circunstancia

We cannot move any forward under these **circumstances**.

No podemos seguir avanzando bajo estas **circunstancias.**

574.　　　Pain – Dolor

He has been in a lot of **pain** since the accident.

Él ha tenido mucho **dolor** desde el accidente.

575.   Ache – Dolor

I had a terrible head**ache** and couldn't come this morning.

Tuve un terrible **dolor** de cabeza y no pude venir esta mañana.

576.   Style – Estilo

They play a different music **style**.

Ellos tocan un **estilo** musical diferente.

577.   Price – Precio

I would sell it for a higher **price**.

Lo vendería por un **precio** más alto.

578.   Floor – Planta

The store is located on the first **floor** of the building.

La tienda está ubicada en la primera **planta** del edificio.

579.   Building – Edificio

You can see the entire city from that tall **building**.

Se puede ver la ciudad completa desde aquel **edificio** alto.

580.   Authority – Autoridad

The commander is the most important **authority** of the team.

El comandante es la **autoridad** más importante del equipo.

581.   Stone – Piedra

Old cities were made of **stone**.

Las ciudades antiguas estaban hechas de **piedra**.

582.   Wood – Madera

Later on, the man started to use **wood** to build houses.

Más adelante, el hombre comenzó a usar **madera** para construir casas.

583.   Iron – Hierro

Iron was widely used to make weapons.

El **hierro** se usaba ampliamente para hacer armas.

584.   Luck – Suerte

It was my **luck** to find this little puppy on the street.

Fue mi **suerte** encontrarme a este pequeño cachorro en la calle.

585.   Team – Equipo

They are a large **team** of professionals.

Son un amplio **equipo** de profesionales.

586.   Equipment – Equipo

But they don't have the necessary **equipment** to carry out this operation.

Pero no tienen el **equipo** necesario para llevar a cabo esta operación.

587.   Car – Auto

I'm hoping to get a better **car** this year.

Espero obtener un major **auto** este año.

588.   Date – Fecha

They will tell us the **date** for their wedding tomorrow.

Nos dirán la **fecha** de su boda mañana.

589.   Position – Puesto

Keep working like this and you will earn a better **position**.

Sigue trabajando así y te ganaras un mejor **puesto**.

590.   Boss – Jefe

My **boss** is not the friendliest person in the world.

Mi **jefe** no es la persona más amable del mundo.

591.   Newspaper – Periódico

I didn't have time to read the **newspaper** this morning.

No tuve tiempo de leer el **periódico** esta mañana.

592.   Public – Público

The **public** was claiming for an answer.

El **público** reclamaba una respuesta.

593.   Size – Tamaño

The **size** of my house is too small to fit all this.

El **tamaño** de mi casa es muy pequeño para acomodar todo esto.

594.   Horse – Caballo

She had a black **horse** when she was younger.

Ella tuvo un caballo **negro** cuando era más joven.

595.   Meat – Carne

I eat enough **meat** to get my protein.

Como suficiente **carne** para obtener mi proteína.

596.   Hope – Esperanza

I still have the hope of finding a **treasure**.

Aún tengo la esperanza de encontrar un **tesoro**.

597.   Machine – Máquina

They haven't invented the time **machine** yet.

No han inventado la **máquina** del tiempo aún.

598.   Artículo – Article

I just read about this in an **article** last week.

Justo leí sobre esto en un **artículo** la semana pasada.

599.   President – Presidente

Maduro is the worst **President** of the world.

Maduro es el peor **Presidente** del mundo.

Adverbs and Verbs

Adverbs

Adverbs of Place / Time

600.   There – Ahí

The documents you asked me for are **there** on the desk.

Los documentos que me pediste están **ahí** sobre el escritorio.

601.   There – Allí

They told us to take off our shoes and wash our feet right **there**.

Nos dijeron que nos quitaramos los zapatos y nos lavaramos los pies **allí** mismo.

602.   Here – Aquí

They will bring the pets **here** later on during the day.

Traerán a las mascotas **aquí** más tarde durante el día.

603.   Here – Acá

Get over **here** as soon as you can!

¡Ven para **acá** en cuanto puedas!

604.   Ahead – Adelante

We will find more small towns and villages up **ahead**.

Encontraremos más pueblitos y caseríos **adelante**.

605.   Behind – Detrás

You should get **behind** me and let me lead.

Deberías ponerte **detrás** de mí y dejarme dirigir.

606.   Up – Arriba

There were many different types of planes **up** in the sky.

Había muchos tipos de aviones diferentes **arriba** en el cielo.

607.   Above – Encima

Planes usually fly **above** the clouds.

Los aviones generalmente vuelan por **encima** de las nubes.

608.   Below – Bajo

Temperatures in the highest parts can reach up to forty degrees **below** zero.

Las temperaturas en als partes más altas pueden alcanzar los cuarenta grados **bajo** cero.

609.   Under – Debajo

Lava flows under the ground in this area.

La lava fluye por debajo de la tierra en esta zona.

610.   Underneath – Debajo

That noise came from **underneath** the bed.

Ese ruido vino de **debajo** de la cama.

611.   On – Sobre

The car keys and the tools are **on** the table.

Las llaves del auto y las herramientas están **sobre** la mesa.

612.   Beyond – Más allá

What you are asking me to do goes **beyond** my skills.

Lo que me estás pidiendo que haga va **más allá** de mis habilidades.

613.   Down – Abajo

They seemed to be having a bit of a discussion **down** there on the first floor.

Parecía que estaban teniendo una discusión allá **abajo** en el primer piso.

614.   Close – Cerca

John lives very **close** to my apartment.

John vive muy **cerca** de mi apartamento.

615.   Near – Cerca

If you could leave me **near** the train station, that would be fine.

Si pudieras dejarme **cerca** de la estación del tren estaría genial.

616.   Far – Lejos

The gas station was actually pretty **far**, we ended up pushing the car for miles.

La estación de servicio quedaba demasiado **lejos**, terminamos empujando el auto por millas.

617.   Away – Lejos

Keep your claws **away** from my cake!

¡Mantén tus garras **lejos** de mi tarta!

618.   Over – Encima

My cats are **over** me all the time.

Mis gatos se la pasan **encima** mío todo el tiempo.

619.   Out – Fuera

Please tell the children to stay **out** of my gaming room.

Por favor, dile a los niños que se queden **fuera** de mi cuarto de juegos.

620.   Outside – Afuera

I had to stay **outside** the house during the day so that they could finish the work.

Me tuve que quedar **afuera** de la casa durante el día para que pudieran terminar el trabajo.

621.   In – En

I told you we would be **in** the waiting room.

Te dije que estaríamos **en** la sala de espera.

622.   Inside – Dentro

The money is **inside** the bag in the kitchen.

El dinero está **dentro** de la bolsa en la cocina.

623.   Through – A través

We were able to see **through** the windows and we are sure he wasn't there.

Pudimos mirar **através** de las ventanas y estamos seguros de que él no estaba ahí.

624.   Around – Alrededor

The Earth spins **around** the Sun, and the Moon spins **around** the Earth.

La Tierra gira **alrededor** del Sol y la Luna gira **alrededor** de la Tierra.

625.   Across – Alrededor

We went **across** the planet looking for this particular flower.

Estuvimos **alrededor** del mundo buscando ésta flor en particular.

626.   Beneath - Debajo

Every tree has roots **beneath** its trunk.

Todo árbol tien raíces **debajo** de su tronco.

627.   Where – Donde

That's the small town **where** I was born.

Ese es el pueblito **donde** nací.

628.   Next to – Junto a

Los calcetines estaban **junto** a los zapatos.

The socks were **next to** the shoes.

629.   In front of – Frente a

I dream to have an apartment **in front of** the sea.

Sueño con tener un apartamento **frente al** mar.

Adverbs of Time / Frequency

630.   Now – Ahora

Now I would like you to remain quiet while I continue the explanation.

Ahora me gustaría que permanecieran callados mientras continúo con la explicación.

631.   Right away – Ya mismo

Tell them to bring the accused to this room **right away**.

Dígales que traigan al acusado a esta sala **ya mismo**.

632.   Yet – Aún

We have not received a proper invitation **yet.**

No hemos recibido una invitación adecuada **aún**.

633.   Today – Hoy

I thought you were supposed to finish **today**.

Pensé que se suponía que ibas a terminar **hoy**.

634.   Late – Tarde

It is a little **late** to open another bottle, I'd rather leave.

Es un poco **tarde** para abrir otra botella, preferiría irme.

635.   Early – Temprano

I told you to come back **early**, don't blame it on me if there is no food left.

Te dije que volvieras **temprano**, no me eches la culpa si no queda comida.

636.   Soon – Pronto

Don't worry, we'll get to the beach **soon** and forget about this cold.

No te preocupes, llegaremos a la playa **pronto** y nos olvidaremos de este frío.

637.   Still – Todavía

There's **still** time to obtain your driver's license this month.

Todavía hay tiempo de que obtengas tu carnet de conducir este mes.

638.   Yesterday – Ayer

I almost bought that truck **yesterday**, now I've decided to go for another car.

Casi compro esa camioneta **ayer**, ahora me decidí a ir por otro auto.

639.   Just – Recién

I've **just** finished my lunch, give me a couple of minutes to get there.

Recién terminé de almorzar, dame un par de minutos para llegar.

640.   Never – Nunca

Never send a dog to do a cat's work.

Nunca envíes a un perro a hacer el trabajo de un gato.

641.   Always – Siempre

I **always** thought Argentina was a nice country to live in.

Siempre pensé que Argentina era un lindo país para vivir.

642.   Ever – Alguna vez

If I **ever** go to Japan, I sure will eat a whole puffer fish.

Si **alguna vez** voy a Japón, seguro que me comeré un pez globo entero.

643.   Later – Luego

I will call you **later** to give you more information.

Te llamaré **luego** para darte más información.

644.   Currently – Actualmente

I **currently** work as a waitress, although I may get a better job soon.

Actualmente trabajo como mesera, aunque tal vez consiga un mejor trabajo pronto.

645.   Constantly – Constantemente

My dog looks for attention **constantly**.

Mi perro busca atención **constantemente**.

646.   Last night – Anoche

I ended up having pizza for dinner **last night**.

Terminé comiendo pizza para cenar **anoche**.

647.   Before – Antes

My nose used to look huge **before** the surgery.

Mi nariz se veía gigante **antes** de la cirugía.

648.   After – Después

I always drink a lot of water **after** I finish my cardio.

Siempre bebo mucha agua **después** de terminar mi cardio.

649.   Usually – Usualmente

It **usually** doesn't take this long to wait for a cab.

Usualmente no toma tanto tiempo esperar un taxi.

650.   When – Cuando

This is the medal they gave me **when** I finished school.

Esta es la medalla que me dieron **cuando** terminé la escuela.

651.   Immediately – Inmediatamente

I **immediately** had cold sweats and I knew they were caused by the pill.

Inmediatamente comencé a tener sudores fríos y supe que era a causa de la pastilla.

652.   This morning – Esta mañana

I took a shower **this morning**, so I don't need to take another one.

Tomé una ducha **esta mañana**, así que no necesito tomar otra.

653.   This afternoon – Esta tarde

I was told to visit the doctor **this afternoon**.

Me dijeron que fuera al doctor **esta tarde**.

654.   Tonight – Esta noche

Ibiza's biggest party will take place **tonight**.

La fiesta más grande de Ibiza se celebrará **esta noche**.

655.   Prior – Antes

Make sure you go to the bathroom **prior** to our meeting.

Asegúrate de ir al baño **antes** de nuestra reunión.

656.   Frequently – Frecuentemente

The trains pass by **frequently**.

Los trenes pasan **frecuentemente**.

657.   Recently – Recientemente

There has been a drop in the price of oil recently.

Ha habido una bajada en el precio del petróleo recientemente.

658.   Everyday – Todos los días

I ride my bike to work **every day**.

Yo voy al trabajo en bici **todos los días**.

659.   Indefinitely – Indefinidamente

All flights have been canceled **indefinitely**.

Todos los vuelos han sido cancelados **indefinidamente**.

660.   Hourly – Cada hora

We have to check his vital signs **hourly**.

Tenemos que revisar sus signos vitales **cadahora**.

661.   Tomorrow – Mañana

I'll have to take the bus to get to work **tomorrow**.

Tendré que tomar un bus para ir al trabajo **mañana**.

662.   Often – A menudo

I try to go for a walk **often**.

Trato de ir a caminar **a menudo**.

Adverbs of Quantity / Manner

663.   All – Todo (singular)

All the time I wasted would have been useful to do something else.

Todo el tiempo que desperdicié hubiera sido útil para hacer otra cosa.

664.   All – Todos (plural)

All the papers you found on the table were mine.

Todos los papeles que encontraste en la mesa eran míos.

665.   Any – Algún

If you have **any** issues regarding our service, you can always ask Customer Support.

Si tiene **algún** problema con respecto a nuestro servicio, siempre puede consultar en Atención al Cliente.

666.   Any – Alguno

I wouldn't be here if I had **any** doubts.

No estaría aquí si tuviera **alguna** duda.

667.   Both – Ambos (Masculine)

Both parents are responsible for the development of the child.

Ambos padres son responsables del desarrollo del niño.

668.   Both – Ambas (Feminine)

I thought about it and **both** choices seem reasonable.

Pensé sobre ello y **ambas** opciones parecen razonables.

669.   Each – Cada

I have to change the hen's water **each** day.

Debo cambiar el agua de la gallina **cada** día.

670.   Every – Cada

Every time I order a burger I ask for extra pickles.

Cada vez que pido una hamburguesa, pido pepinillos adicionales.

671.   Again – Nuevamente

I had to write the report **again** after my dog ate it.

Tuve que escribir el reporte **nuevamente** después de que mi perro se lo comiera.

672.   Little – Poco (singular)

I thought it would take them **little** time to talk about the event.

Pensé que les tomaría **poco** tiempo hablar sobre el evento.

673.   Lots of – Bastante

I hope they bring **lots of** beer to the party.

Espero que traigan **bastante** cerveza a la fiesta.

674.   A lot – Mucho

I usually work out **a lot** during weekdays.

Generalmente entreno **mucho** durante los días de semana.

675.   Many – Muchos

Many of the employees presented charges.

Muchos de los empleados presentaron cargos.

676.   Too many – Demasiadas (Feminine)

There were **too many** birds to count them.

Había **demasiadas** aves como para contarlas.

677.   Too many – Demasiados (Masculine)

I have **too many** problems to pay attention to you too.

Tengo **demasiados** problemas como para además prestarte atención.

678.   Plenty of– De sobra

I have **plenty of** coffee on my cup, I can give you half of it.

Tengo café **de sobra** en mi taza, puedo darte la mitad.

679.   None – Ninguno

None of the horses you see there are mine.

Ninguno de los caballos que ves allí son míos.

680.   Too much – Demasiado

Don't worry **too much** about it, it's not a big deal.

No te preocupes **mucho** por ello, no es un gran problema.

681.   Too little – Muy poco

There is **too little** rum in my glass.

Hay **muy poco** ron en mi vaso.

682.   Several – Varios

I have **several** books that may be of use to you.

Tengo **varios** libros que podrían ser útiles para tí.

683.   Some – Algunas (Feminine)

Some of these vaccines have not been tested yet.

Algunas de estas vacunas no han sido probadas aún.

684.   Some – Algunos (Masculine)

Some natives believe that these plants can cure chronic pain.

Algunos nativos creen que estas plantas pueden curar el dolor crónico.

685.   Some – Algo

You will have to tell your brother to lend you **some** money.

Tendrás que decirle a tu hermano que te preste **algo** de dinero.

686.   Enough – Suficiente

Don't worry, I have **enough** water to share.

No te preocupes, tengo **suficiente** agua para compartir.

687.   Almost – Casi

I **almost** forgot to bring your apples.

Casi me olvido de traer tus manzanas.

688.   Plenty – Muchos

There are **plenty** of organizations that would be able to help with the case.

Existen **muchas** organizaciones que podrían ayudar con el caso.

689.   Plenty – Bastante

The lady asked me if we wanted a refill, but I told her we had **plenty**.

La señora me preguntó si quería un relleno, pero le dije que teníamos **bastante**.

690.   More – Más

We should ask for **more** money to complete the job.

Deberíamos pedir **más** dinero para completar el trabajo.

691.   Very – Muy

I tried to learn how to dance but in the end, it was **very** difficult.

Traté de aprender a bailar, pero al final fue **muy** difícil.

692.   Too – Demasiado

The weather is **too** harsh for some of these plants.

El clima es **demasiado** duro para algunas de estas plantas.

693.   Less – Menos

It would cost you **less** to go by train.

Te costaría **menos** ir en tren.

694.   Quickly – Rápidamente

We should be able to do this **quickly**.

Deberíamos ser capaces de hacer esto **rápidamente**.

695.   Easily – Fácilmente

The system could be **easily** hacked.

El sistema podría ser hackeado **fácilmente**.

696.   Fast – Rápidamente

Snakes move **fast**.

Las serpientes se mueven **rápidamente**.

697.   Faster – Más rápido

We should advance at a **faster** pace.

Deberíamos avanzar a un ritmo **más rápido**.

698.   Slowly – Lentamente

Snails move very **slowly**.

Los caracoles se mueven muy **lentamente**.

699.   Slower – Más lento

Buses are **slower** than trains.

Los buses son **más lentos** que los trenes.

700.   Already – Ya

I **already** finished my work, I'm leaving.

Ya terminé mi trabajo, me marcho.

701.   Strongly – Firmemente

I **strongly** advise you not to buy that property.

Le aconsejo **firmemente** que no compre esa propiedad.

702.   Well – Bien

These houses are **well** built.

Estas casas están **bien** construidas.

703.   Very well – Muy bien

Things went **very well** regarding your scholarship.

Las cosas anduvieron **muy bien** con respecto a tu beca.

704.   Deeply – Profundamente

My cat is the cutest in the world and I love him **deeply**.

Mi gato es el más lindo del mundo y lo amo **profundamente**.

705.   Instantly – Instantáneamente

I fell in love with those pointy ears **instantly**.

Me enamoré de esas orejas puntiagudas **instantáneamente**.

706.   Perfectly – Perfectamente

His whiskers match **perfectly** with his big eyes.

Sus bigotes encajan **perfectamente** con sus grandes ojos.

707.   Correctly – Adecuadamente

He also knows how to ask for food **correctly**.

Además sabe cómo pedir comida **adecuadamente**.

708.   Properly – Correctamente

And he is **properly** trained to go outside.

Y está **correctamente** entrenado para ir afuera.

709.   Rightly – Acertadamente

The lines of his tail are drawn **rightly**.

Las líneas de su cola están dibujadas **acertadamente**.

710.   Better – Mejor

He makes me feel **better** when a look at him.

Él me hace sentir **mejor** cuando lo miro.

711.   Clearly – Claramente

You **clearly** did not look both ways before you crossed the street.

Claramente no miraste para ambos lados antes de cruzar la calle.

712.   Nicely – Amablemente

Go ask her **nicely** if she wants to go to the dance.

Ve a preguntarle **amablemente** si quiere ir al baile.

713.   Softly – Suavemente

The wind whispers **softly** on my window.

El viento susurra **suavemente** en mi ventana.

714.   Badly – Fatalmente

I was told the prince was **badly** injured.

Me dijeron que el príncipe fue herido **fatalmente**.

715.   Purposely – Intencionalmente

I am sure it was done **purposely**.

Estoy seguro de que lo hicieron **intencionalmente**.

716.   Regularly – Regularmente

You should visit the dentist **regularly**.

Deberías visitar al odontólogo **regularmente**.

717.   Equally – Igualmente

Although I didn't get the bike, I am **equally** grateful.

Aunque no obtuve la bici, estoy **igualmente** agradecido.

718.   Passionately – Apasionadamente

I saw them kissing **passionately**.

Los ví besándose **apasionadamente**.

719.   Lightly – Delicadamente

I like the way he steps on his paws **lightly**.

Me gusta cómo se apoya en sus patas **delicadamente**.

720.   Angrily – Furiosamente

I heard you yelling at him **angrily**.

Te escuché gritándole **furiosamente**.

721.   Anxiously – Ansiosamente

I've been waiting **anxiously** for the payday.

He estado esperando **ansiosamente** por el día de pago.

722.   Awkwardly – Torpemente

He decided to keep dancing **awkwardly** after he fell.

Decidió seguir bailando **torpemente** después de que se cayera.

723.   Beautifully – Bellamente

The whole space has been **beautifully** transformed.

Todo el espacio ha sido **bellamente** transformado.

724.   Calmly – Calmadamente

You should try to go through each step **calmly**.

Deberías tratar de realizar cada paso **calmadamente**.

725.   Carefully – Cuidadosamente

Let's remove the last layer of paint **carefully**.

Removamos la última capa de pintura **cuidadosamente**.

726.   Carelessly – Descuidadamente

As soon as I heard that noise, I knew he was driving **carelessly**.

Apenas escuché ese ruido supe que estaba manejando **descuidadamente**.

727.   Cautiously – Con cautela

We have to move **cautiously** towards the exit if we don't want to get caught.

Tenemos que movernos **con cautela** hacia la salida si no queremos que nos atrapen.

728.   Cheerfully – Animadamente

Your dogs sure receive you **cheerfully**.

Tus perros si que te reciben **animadamente**.

729.   Closely – Estrechamente

His brother and father are **closely** related to the case.

Su hermano y su padre están **estrechamente** relacionados con el caso.

730.   Deliberately – Deliberadamente

I am sure those spikes were left there **deliberately**.

Estoy seguro de que a esos clavos los dejaron allí **deliberadamente**.

731.   Eagerly – Con entusiasmo

They are **eagerly** expecting us for Christmas.

Nos están esperando **con entusiasmo** para Navidad.

732.   Fondly – Cariñosamente

I always say hi to them **fondly**.

Siempre los saludo **cariñosamente**.

733.   Frankly – Francamente

I **frankly** don't think we will be able to help.

Francamente no creo que seamos capaces de ayudar.

734.   Frantically – Frenéticamente

He just kept ringing the bell **frantically**.

Él simplemente seguía tocando el timbre **frenéticamente**.

735.   Gently – Sutilmente

I saw him **gently** touching your arm.

Lo ví tocando **sutilmente** tu brazo.

736.   Happily – Felizmente

I'm glad to say we are **happily** married.

Me contenta decir que estamos **felizmente** casados.

737.   Sadly – Tristemente

Sadly, there were no survivors after the incident.

Tristemente, no hubo sobrevivientes luego del incidente.

738.   Healthily – Saludablemente

You should all try to eat **healthily**.

Todos ustedes deberían tratar de comer **saludablemente**.

739.   Hurriedly – Apresuradamente

My sister saw the burglars leave **hurriedly**.

Mi hermana vió a los ladrones irse **apresuradamente**.

740.   Innocently – Inocentemente

He **innocently** asked her if she would go out with him.

Él **inocentemente** le preguntó si saldría con él.

741.   Enthusiastically – Entusiasmadamente

The public chanted **enthusiastically** until the band came out.

El público canto **entusiasmadamente** hasta que la banda salió.

742.   Wildly – Salvajemente

The horses were running **wildly** when the vehicle arrived.

Los caballos corrían **salvajemente** cuando llegó el vehículo.

743.   Inquisitively – Curiosamente

When the new puppy came, my dog would just stare at him **inquisitively**.

Cuando el nuevo cachorro llegó, mi perro solo lo miraba **curiosamente**.

744.   Kindly – Cordialmente

I would like to **kindly** invite you to my birthday party.

Me gustaría invitarlos **cordialmente** a mi fiesta de cumpleaños.

745. Loudly – Ruidosamente

For some reason, he kept breathing **loudly**.

Por alguna razón, él seguía respirando **ruidosamente**.

746. Mysteriously – Misteriosamente

He is the kind of guy who always disappears **mysteriously**.

Él es la clase de tipo que siempre desaparece **misteriosamente**.

747. Naturally – Naturalmente

It is not the kind of thing that would happen **naturally** on these lands.

No es el tipo de cosa que pasaría **naturalmente** en estas tierras.

748. Neatly – Cuidadosamente

The details around the mirror were **neatly** done.

Los detalles alrededor del espejo fueron hechos **cuidadosamente**.

749. Nervously – Nerviosamente

She found him **nervously** knocking on her door.

Ella lo encontró tocando **nerviosamente** a su puerta.

750. Noisily – Ruidosamente

The keys were **nosily** smashing against the cup.

Las llaves **chocaban** ruidosamente contra la taza.

751. Obediently – Obedientemente

The monkey looked at his owner **obediently**.

El mono miró a su amo **obedientemente**.

752. Patiently – Pacientemente

He is still **patiently** waiting for his food to arrive.

Él todavía espera **pacientemente** que su comida llegue.

753.   Politely – Educadamente

There was no choice but to **politely** ask them to leave.

No hubo opción más que pedirles **educadamente** que se fueran.

754.   Powerfully – Intensamente

That room smelled **powerfully** of cigars and dirty clothes.

Ese cuarto olía **intensamente** a cigarros y a ropa sucia.

755.   Reluctantly – A disgusto

That's when they had to accept **reluctantly**.

Fue entonces tuvieron que aceptar **a disgusto**.

756.   Safely – De manera segura

You should wear your seat belt if you want to travel **safely**.

Debes usar el cinturón de seguridad si quieres viajar **de manera segura**.

757.   Shyly – Tímidamente

He was listening **shyly** behind the door.

Él estaba escuchando **tímidamente** detrás de la puerta.

758.   Silently – Silenciosamente

My cat always approaches his preys **silently**.

Mi gato siempre se acerca a sus presas **silenciosamente**.

759.   Stupidly – Estúpidamente

I **stupidly** forgot to unplug the refrigerator last night.

Estúpidamente me olvidé de desconectar el refrigerador anoche.

760.   Suspiciously – Sospechosamente

The casino and the food trucks are **suspiciously** close.

El casino y los food trucks están **sospechosamente** cerca.

761.	Courageously – Valientemente

They behaved **courageously** by not running from the tanks

Se comportaron **valientemente** al no correr de los tanques.

762.	Boldly – Audazmente

It was a **boldly** executed move.

Fue una jugada **audazmente** ejecutada.

763.	Daringly – Osadamente

They kept **daringly** walking near the edge.

Ellos siguieron caminando **osadamente** cerca del borde.

764.	Dangerously – Peligrosamente

That glass is **dangerously** close to the cable.

Ese vaso está **peligrosamente** cerca del cable.

765.	Certainly – Ciertamente

We **certainly** didn't expect to meet my sister here.

Ciertamente no esperabamos encontrarnos a mi hermana aquí.

766.	Doubtfully – Dudosamente

He asked **doubtfully** if we still wanted the other half.

Nos preguntó **dudosamente** si aún queríamos la otra mitad.

767.	Undoubtedly – Indudablemente

These fruits will **undoubtedly** help you with your weight loss.

Estas frutas **indudablemente** te ayudarán en tu pérdida de peso.

768.   Elegantly – Elegantemente

The floor was **elegantly** decorated with flowers.

El piso estaba decorado **elegantemente** con flores.

769.   Enormously – Enormemente

The benefits have grown **enormously** over the past two years.

Los beneficios han incrementado **enormemente** en los últimos dos años.

770.   Eventually – Finalmente

All of the cars **eventually** arrived at the goal.

Todos los autos **finalmente** llegaron a su meta.

771.   Exactly – Exactamente

I would like to know how many burgers he ate **exactly**.

Me gustaría saber cuántas hamburguesas se comió **exactamente**.

772.   Faithfully – Fielmente

His dog always waits for him **faithfully**.

Su perro siempre lo espera **fielmente**.

773.   Fatally – Fatalmente

It would **fatally** weaken our defenses to let them through.

Se debilitarían **fatalmente** nuestras defensas si los dejamos pasar.

774.   Fiercely – Ferozmente

The lioness defended her cubs **fiercely**.

La leona defendió a sus cachorros **ferozmente**.

775.   Foolishly – Tontamente

It looks like you were **foolishly** deceived by his tactics.

Parece que fueron **tontamente** engañados por sus tácticas.

776.   Fortunately – Afortunadamente

Fortunately, we were able to get out of there on time.

Afortunadamente, pudimos salir de ahí a tiempo.

777.   Unfortunately – Desafortunadamente

Unfortunately, there was not much we could do for the old shoes.

Desafortunadamente, no pudimos hacer mucho por los zapatos viejos.

778.   Generously – Generosamente

I always add the gravy **generously**.

Siempre añado la salsa **generosamente**.

779.   Gladly – Gustosamente

I will **gladly** help you out with your homework.

Gustosamente te ayudaré con tu tarea.

780.   Gracefully – Agraciadamente

The artist moved **gracefully** from one rope to the other.

El artista se movió **agraciadamente** de una cuerda a la otra.

781.   Greedily – Avaramente

I used to **greedily** save every bottle cap I found.

Solía guardar **avaramente** cada tapa de botella que me encontraba.

782.   Hardly – Dificilmente

I can **hardly** run until the bridge, don't ask me to cross it.

Difícilmente puedo correr hasta el puente, no me pidas que lo cruce.

783.   Hastily – Apresuradamente

First helpers ran **hastily** towards the victims.

Los socorristas corrieron **apresuradamente** hacia las víctimas.

784.   Aside from – Aparte de

Aside from collecting dust, this old bike is useless.

Aparte de para acumular polvo, esa vieja bici es inútil.

785.   Nevertheless – Sin embargo

We managed to recover **nevertheless.**

Sin embargo, nos las arreglamos para recuperarnos.

786.   Towards – Hacia

I am sure we are walking **towards** a better future.

Estoy seguro de que caminamos **hacia** un mejor futuro.

787.   Honestly – Honestamente

I **honestly** don't know when my brother arrives.

Honestamente no sé cuando llega mi hermano.

788.   Inadequately – Inadecuadamente

I believe those issues were **inadequately** handled.

Pienso que esos asuntos fueron manejados **inadecuadamente**.

789.   Ingeniously – Ingeniosamente

The speech was **ingeniously** prepared to make people laugh.

El discurso estaba **ingeniosamente** preparado para que la gente se riera.

790.　　　Naively – Ingenuamente

The rabbit followed the wolf **naively** through the woods.

El conejo siguió al lobo **ingenuamente** por el bosque.

791.　　　Innocently – Inocentemente

I arrived here **innocently** thinking I was going to get free ice cream.

Llegué aquí **inocentemente** pensando que iba a recibir helado.

792.　　　Irritably – Irritablemente

He shouted **irritably** until everyone was quiet.

Él gritó **irritablemente** hasta que todos se callaron.

793.　　　Joyously – Alegremente

The lady welcomed him **joyously**.

La señora le dió la bienvenida **amablemente**.

794.　　　Joyfully – Felizmente

We would like to toast **joyfully** for this new achievement.

Nos gustaría brindar **felizmente** por este nuevo logro.

795.　　　Justly – Justamente

I'm glad to say that this city was **justly** praised.

Me alegra decir que esta ciudad era **justamente** alabada.

796.　　　Lazily – Vagamente

Soon I realized the pasta was **lazily** cooked.

Pronto me di cuenta de que la pasta estaba cocinada **vagamente**.

797.　　　Barely – Apenas

I danced so much last night that I can **barely** walk.

Bailé tanto anoche que **apenas** puedo caminar.

798. Loosely – Holgadamente

The snake hangs **loosely** from the trunk.

La serpiente cuelga **holgadamente** del camión.

799. Madly – Locamente

Did I mention that I am **madly** in love with my cat?

¿Mencioné que estoy **locamente** enamorada de mi gato?

800. Mortally – Mortalmente

The President was **mortally** wounded by the time we got there.

El Presidente estaba herido **mortalmente** para cuando llegamos allá.

801. Openly – Abiertamente

I never speak about my family **openly**.

Nunca hablo de mi familia **abiertamente**.

802. Painfully – Dolorosamente

The bullet passed through **painfully** close to my neck.

La bala pasó **dolorosamente** cerca de mi cuello.

803. Poorly – Deficientemente

The house was **poorly** built and could not stand the storm.

La casa estaba construida **deficientemente** y no pudo aguantar la tormenta.

804. Promptly – Prontamente

Those pizzas should be delivered **promptly**.

Esas pizzas deben entregarse **prontamente**.

805.   Punctually – Puntualmente

I always arrive at my meetings **punctually**.

Siempre llego a mis reuniones **puntualmente**.

806.   Quietly – Silenciosamente

I had to move **quietly** from one house to the other.

Me tuve que mover **silenciosamente** de una casa a la otra.

807.   Rapidly – Velozmente

We drove **rapidly** across mountains and woods.

Condujimos **velozmente** por montañas y bosques.

808.   Rarely - Raramente

I **rarely** order cream with my coffee.

Raramente pido crema con mi café.

809.   Really - Realmente

I **really** think we should set camp here.

Realmente pienso que deberíamos acampar acá.

810.   Recklessly – Temerariamente

He came here **recklessly** roaring his motor.

Él vino aquí **temerariamente** rugiendo su motor.

811.   Repeatedly – Repetidamente

We have told him **repeatedly** not to come late.

Le hemos dicho **repetidamente** que no venga tarde.

812.   Roughly - Aproximadamente

Roughly half of the population here use glasses.

Aproximadamente la mitad de la población acá usa anteojos.

813.   Rudely – Groseramente

He **rudely** asked me when I would come back.

Me preguntó **groseramente** cuándo volvería.

814.   Sadly

Sadly the berries have withered and we cannot eat them.

Tristemente las bayas se han podrido y no las podemos comer.

815.   Selfishly – Egoístamente

You were **selfishly** drawn to the money.

Tú estabas **egoístamente** atraído por el dinero.

816.   Sensibly – Sensatamente

He should consider things **sensibly**.

Debería considerar las cosas **sensatamente**.

817.   Seriously – Seriamente

I'm **seriously** thinking about going for a ride.

Estoy pensando **seriamente** en ir a dar un paseo.

818.   Sharply - Abruptamente

He finished **sharply** saying he needed to go somewhere else.

Terminó **abruptamente** diciendo que necesitaba ir a otro lugar.

819.   Sleepily – Soñolientamente

She **sleepily** told me to stop playing the piano.

Me dijo **soñolientamente** que dejara de tocar el piano.

820.   Solemnly – Solemnemente

The Governor won the elections **solemnly.**

El Gobernador ganó las elecciones **solemnemente**.

821.   Stealthily – Furtivamente

We escaped **stealthily** through the back door.

Nos escapamos **furtivamente** por la puerta de atrás.

822.   Straightly – Directamente

We should move **straightly** to the important part.

Deberíamos ir **directamente** a lo importante.

823.   Directly – Directamente

I don't want to be **directly** involved with the organization.

No quiero estar **directamente** involucrado con la organización

824.   Strictly – Estrictamente

I swear we spoked **strictly** about business.

Juro que hablamos **estrictamente** de negocios.

825.   Successfully – Exitosamente

You have **successfully** completed your driving lessons.

Has terminado **exitosamente** tus lecciones de manejo.

826.   Suddenly – Repentinamente

I can't believe you have decided to change cities so **suddenly.**

No puedo creer que hayas decidido cambiar de ciudad tan
repentinamente.

827.   Swiftly – Con prontitud

He **swiftly** finished the exam.

Él terminó el examen **con prontitud**.

828.   Tenderly – Tiernamente

She hugged her puppy so **tenderly** I almost cried.

Abrazó a su cachorro tan **tiernamente** que casi lloro.

829.   Tensely - Tensamente

They are waiting **tensely** for the earthquake to hit anytime.

Esperan **tensamente** que el terremoto golpee en cualquier momento.

830.   Thoughtfully - Atentamente

He considered **thoughtfully** to switch positions.

Consideró **atentamente** cambiar posiciones.

831.   Thoroughly – Completamente

We searched the apartment **thoroughly**.

Revisamos el apartamento **completamente**.

832.   Tightly – Estrechamente

The gears in this machine are **tightly** connected.

Los engranajes en esta máquina están **estrechamente** conectados.

833.   Truly – Verdaderamente

I am **truly** committed to this cause.

Estoy **verdaderamente** comprometido con esta causa.

834.   Sincerely – Sinceramente

I **sincerely** apologize if I have caused you any trouble.

Sinceramente me disculpo si te he causado algún problema.

835.   Unexpectedly – Inesperadamente

He rushed to the room **unexpectedly** but found everything in order.

Se apresuró al cuarto **inesperadamente** pero encontró todo en orden.

836.   Victoriously – Victoriosamente

He shouted **victoriously** that he had won the prize.

Gritó **victoriosamente** que había ganado el premio.

837.   Violently – Violentamente

I went out smashing the door **violently**.

Salí agitando la puerta **violentamente**.

838.   Vivaciously – Vorazmente

He **vivaciously** devoured everything that was on the table.

Él devoró **vorazmente** todo lo que había en la mesa.

839.   Warmly – Calurosamente

My family welcomed me **warmly**.

Mi familia me dio la bienvenida **calurosamente**.

840.   Weakly – Débilmente

She kept knocking **weakly** until someone heard her.

Ella siguió golpeando **débilmente** hasta que alguien la escuchó.

841.   Wearily – Cansadamente

She **finally** arrived wearily to the coast after swimming for eight hours.

Finalmente llegó cansadamente a la costa luego de nadir por ocho horas.

842.   Wisely – Sabiamente

He **wisely** warned you not to go to that restaurant.

Él te advirtió **sabiamente** de que no fueras a ese restaurant.

843.	Maybe – Quizás

I thought **maybe** we could go through a different street.

Pensé que **quizás** podríamos ir por una calle diferente.

844.	Probably - Probablemente

We will **probably** find a lot of waves in that beach.

Probablemente encontraremos muchas olas en esa playa.

845.	Possibly – Posiblemente

We could **possibly** end up as millionaires.

Posiblemente podríamos terminar como millonarios.

846.	Ultimately – Finalmente

His goal was to **ultimately** conquer the Earth.

Su meta era **finalmente** conquistar la Tierra.

847.	Lately – Últimamente

I have been having nightmares **lately.**

He estado teniendo pesadillas **últimamente**.

848.	Luckily – Afortunadamente

Luckily I found shelter near the bridge.

Afortunadamente encontré un refugio cerca del puente.

849.	Anytime – En cualquier momento

The teacher should be here **any time.**

El profesor debe llegar **en cualquier momento**.

Verbs

850. To be – Ser

You need to have talent in order **to be** an artist.

Necesitas tener talento para poder **ser** un artista.

851. To have – Haber (auxiliary verb)

To have painted a wall does not make you a painter.

Haber pintado una pared no te hace un pintor.

852. To be – Estar

Try **to be** here at 3 o' clock.

Trate de **estar** aquí a las 3 en punto.

853. To have – Tener

You must **have** a valid identification to proceed.

Debes **tener** una identificación válida para proceder.

854. To do – Hacer

I have nothing else **to do** today.

No tengo nada más que **hacer** hoy.

855. To be able – Poder

I'm not going **to be able** to go to the office today.

No voy a **poder** ir a la oficina hoy.

856. To say – Decir

There is not a lot **to say** about the situation.

No hay mucho que **decir** sobre la situación.

857. To go – Ir

I have **to go** right now or I will be late.

Me tengo que **ir** ahora mismo o llegaré tarde.

858.   To see – Ver

I wanted **to see** a movie today.

Quería **ver** una película hoy.

859.   To give – Dar

You have **to give** in order to receive.

Tienes que **dar** para poder recibir.

860.   To know – Saber

I want **to know** more about Ireland.

Quiero **saber** más sobre Irlanda.

861.   To want – Querer

It is only natural **to want** to eat meat.

Es simplemente natural **querer** comer carne.

862.   To arrive – Llegar

I'm going to **arrive** late today again.

Voy a **llegar** tarde hoy otra vez.

863.   To pass – Pasar

We must wait until later **to pass** through that gate.

Debemos esperar hasta tarde para **pasar** por esa reja.

864.   To own – Poseer

It is not my aim **to own** a house.

No es mi meta **poseer** una casa.

865.   To seem – Parecer

He only does this **to seem** interesting.

Él solo hace eso para **parecer** interesante.

866.   To owe – Deber

I didn't want **to owe** more money.

No quería **deber** más dinero.

867.   To Put – Poner

Are you sure it was a good idea **to put** those two together?

¿Estás seguro de que fue una buena idea **poner** a esos dos juntos?

868.   To stay – Quedar

She is going **to stay** here tonight.

Ella se va a **quedar** aquí esta noche.

869.   To believe – Creer

You have **to believe** in yourself in order to succeed.

Tienes que **creer** en ti mismo para tener éxito.

870.   To talk – Hablar

You have **to talk** to your boss about this problem.

Tienes que **hablar** con tu jefe sobre este problema.

871.   To follow – Seguir

He invited us **to follow** his Instagram.

Nos invitó **a seguir** su Instagram.

872.   To find – Encontrar

You must **find** the time to visit your father.

Debes **encontrar** el tiempo para visitar a tu padre.

873.   To call – Llamar

You have **to call** the firemen as soon as you smell smoke.

Tienes que **llamar** a los bomberos en cuanto huelas humo.

874.   To come – Venir

I knew you were **going** to come to visit us.

Sabía que ibas a **venir** a visitarnos.

875.   To think – Pensar

To think different is underrated.

Pensar diferente está subestimado.

876.   To go out – Salir

I am not going to **go out** tonight.

No voy a **salir** esta noche.

877.   To return – volver

I would like **to return** to the house.

Me gustaría **volver** a la casa.

878.   To take – Tomar

We should not **take** too many candies.

No deberíamos **tomar** muchos caramelos.

879.   To drink – Tomar

I like **to drink** only water in the morning.

Me gusta **tomar** solo agua en la mañana.

880.   To drink – Beber

I don't like **to drink** alcohol.

No me gusta **beber** alcohol.

881.   To know – Conocer

I would like **to know** about other cultures.

Me gustaría **conocer** otras culturas.

882.   To live – Vivir

I want **to live** in a cabin in the woods.

Quiero **vivir** en una cabaña en el bosque.

883.   To feel – Sentir

I hope this makes you **feel** better.

Espero que esto te haga **sentir** mejor.

884.   To Try – Tratar

I'm going **to try** to fix it.

Voy a **tratar** de arreglarlo.

885.   To look – Mirar

Don't let her **look** out the window.

No la dejes **mirar** por la ventana.

886.   To count – Contar

I'm going **to count** how many apples are left.

Voy a **contar** cuántas manzanas quedan.

887.   To Start – Empezar

We should **start** running in the mornings.

Deberíamos **empezar** a correr por las mañanas.

888.   To wait – Esperar

You have **to wait** for the green light.

Tienes que **esperar** a la luz verde.

889.   To look for – Buscar

We should **look for** the boys.

Deberíamos **buscar** a los chicos.

890.   To exist – Existir

I feel lucky **to exist** in this age.

Me siento afortunada de **existir** en esta época.

891.   To enter – Entrar

We are about **to enter** a recession.

Estamos a punto de **entrar** en una recesión.

892.   To work – Trabajar

I always wanted **to work** at a bar.

Siempre quise **trabajar** en un bar.

893.   To write – Escribir

It was about that time he started **to write** short stories.

Fue alrededor de ese tiempo que él empezó a **escribir** cuentos.

894.   To lose – Perder

I don't want **to lose** in the casino.

No quiero **perder** en el casino.

895.   To produce – Producir

Those are the machines **to produce** the chocolate.

Esas son las máquinas para **producir** el chocolate.

896. To happen – Ocurrir

I promise it won't **happen** again.

Prometo que no va a **ocurrir** de nuevo.

897. To understand – Entender

I'm still not able to **understand** why he did it.

Aún no puedo entender **por qué** lo hizo.

898. To ask – Pedir

I am going **to ask** them to be quiet.

Les voy a **pedir** que hagan silencio.

899. To receive – Recibir

He was going **to receive** them in his house today.

Él los iba a **recibir** en su casa hoy.

900. To remember – Recordar

That's an important detail **to remember.**

Ese es un detalle importante **a recordar.**

901. To finish – Terminar

I need **to finish** my homework before going out.

Debo **terminar** mi tarea antes de salir.

902. To allow – Permitir

She will not **allow** them to get in.

Ella no les va a **permitir** entrar.

903. To appear – Aparecer

The sun used **to appear** earlier.

El sol solía **aparecer** más temprano.

904.   To find – Encontrar

We have **to find** a way to cross that river.

Tenemos que **encontrar** una forma de cruzar ese río.

905.   To start – Comenzar

The movie is about **to start**.

La película está a punto de **comenzar.**

906.   To serve – Servir

I will start **to serve** the soup.

Comenzaré a **servir** la sopa.

907.   To take out – Sacar

It is time to **take out** the garbage.

Es hora de **sacar** la basura.

908.   To put out – Apagar

Don't forget to **put out** the fire.

No te olvides de **apagar** el fuego.

909.   To need – Necesitar

You are going to **need** this for the road.

Vas a **necesitar** esto para el camino.

910.   To maintain – Mantener

This garden is difficult **to maintain**.

Este jardín es difícil de **mantener**.

911.   To read – Leer

I don't have time **to read** lately.

No tengo tiempo para **leer** últimamente.

912.   To fall – Caer

Don't go too fast or you may **fall**.

No vayas muy rápido o te puedes **caer**.

913.   To change – Cambiar

Maybe it is time **to change** the tactic.

Tal vez es momento de **cambiar** la táctica.

914.   To present – Presentar

They are here **to present** their new album.

Están aquí para **presentar** su nuevo álbum.

915.   To create – Crear

This was the inspiration **to create** the play.

Esta fue la inspiración para **crear** la obra.

916.   To open – Abrir

It is time **to open** the shop.

Es momento de **abrir** la tienda.

917.   To considerate – Considerar

We have **to consider** this opportunity.

Tenemos que **considerar** esta oportunidad.

918.   To hear – Escuchar

I could not **hear** what he said.

No pude **escuchar** lo que dijo.

919.		To transform – transformar

We have **to transform** this into a kitchen.

Tenemos que **transformar** esto en una cocina.

920.		To win – Ganar

I have **to win** the race.

Tengo que **ganar** la carrera.

921.		To form – Formar

We had **to form** a line to get in.

Tuvimos que **formar** una línea para entrar.

922.		To bring – Traer

Don't forget **to bring** water.

No olvides **traer** agua.

923.		To leave – Partir

Tomorrow I am going **to leave** this place.

Mañana voy a **partir** de este lugar.

924.		To die – Morir

A mother is willing **to die** for her kids.

Una madre está dispuesta a **morir** por sus hijos.

925.		To accept - Aceptar

He has **to accept** things as they are.

Él tiene que **aceptar** las cosas como son.

926.		To make – Hacer

Today I'm going **to make** a cake.

Hoy voy a **hacer** una tarta.

927.   To achieve – Lograr

I'm sure I'm going **to achieve** my goal.

Estoy segura de que voy a **lograr** mi meta.

928.   To explain – Explicar

We don't have time **to explain**.

No tenemos tiempo de **explicar**.

929.   To ask – Preguntar

I'm going **to ask** about the boys.

Voy a **preguntar** por los muchachos.

930.   To touch – Tocar

My grandfather used **to touch** my nose.

Mi abuelo me solía **tocar** la nariz.

931.   To recognize – Reconocer

The baby is beginning **to recognize** faces.

El bebé está comenzando a **reconocer** caras.

932.   To study – Estudiar

I'm going to **study** abroad.

Voy a **estudiar** afuera del país.

933.   To reach – Alcanzar

It takes a while **to reach** that height.

Toma un rato **alcanzar** esa altura.

934.   To be born – Nacer

I wish **to be born** on another planet.

Deseo **nacer** en otro planeta.

935.   To direct – Dirigir

He is the most qualified **to direct** this expedition.

Él es el más cualificado para **dirigir** esta expedición.

936.   To run – Correr

I started **to run** as soon as I saw them.

Comencé a **correr** apenas los ví.

937.   To use – Usar

Turn off the light if you are not going to **use** it.

Apaga la luz si no la vas a **usar**.

938.   To pay – Pagar

Don't complain when it is time **to pay**.

No te quejes cuando sea momento de **pagar**.

939.   To help – Ayudar

I will do whatever I can to **help**.

Haré lo que pueda para **ayudar**.

940.   To like – Gustar

I knew you would **like** this color.

Sabía que te iba **a gustar** este color.

941.   To play – Jugar

I invited my friends **to play** ping – pong.

Invité a mis amigos a **jugar** al ping – pong.

942. To listen – Escuchar

I wanted to **listen to** music instead of watching TV.

Quería **escuchar** música en vez de ver la televisión.

943. To fulfill – Cumplir

I hope I will be able to **fulfill** my dreams.

Espero ser capaz de **cumplir** mis sueños.

944. To offer – Ofrecer

He is someone who has a lot **to offer**.

Él es alguien que tiene mucho que **ofrecer**.

945. To discover – Descubrir

We came here to **discover** a new route.

Vinimos a **descubrir** una nueva ruta.

946. To raise – Levantar

Try not **to raise** your voice when you are in here.

Trata de no **levantar** la voz cuando estés aquí.

947. To jog – Trotar

I rather **jog** than walk during the mornings.

Prefiero **trotar** que caminar durante las mañanas.

948. To decide – Decidir

It is your turn to **decide**.

Es tu turno de **decidir**.

949. To repeat – Repetir

I loved the soup so much I had **to repeat**.

Me gusto tanto la sopa que tenía que **repetir**.

950.   To forget – Olvidar

I would like **to forget** what happened yesterday.

Me gustaría **olvidar** lo que pasó ayer.

951.   To cost – costar

How can that car **cost** so much?

¿Cómo puede **costar** tanto ese auto?

952.   To Eat – Comer

They went **to eat** and will be back soon.

Se fueron a **comer** y volverán pronto.

953.   To show – mostrar

I am not going **to show** this at the gallery today.

No voy a **mostrar** esto en la galería hoy.

954.   To occupy – Ocupar

They are going to **occupy** that flat.

Ellos van a **ocupar** ese apartamento.

955.   To move - Mover

Please help me **move** this heavy table.

Por favor, ayúdame a **mover** esta mesa pesada.

956.   To continue – Continuar

I'm not sure I should **continue** with my lessons.

No estoy segura de si debería **continuar** con mis lecciones.

957.   To smoke – Fumar

You should quit **smoking** for good.

Deberías dejar de **fumar** definitivamente.

958.   To set – Fijar

We should **set** a date for the appointment.

Deberíamos **fijar** una fecha para la cita.

959.   To refer (to) – Referir (se a)

You should **refer** only to the first part of the play.

Deben **referirse** únicamente a la primera parte de la obra.

960.   To get close to – Acercar (se)

I don't want to **get** too **close** to the cow.

No me quiero **acercar** mucho a la vaca.

961.   To dedicate – Dedicar

You must **dedicate** a lot of time to practice to be good.

Le debes **dedicar** mucho tiempo a practicar para ser bueno.

962.   To learn – Aprender

Maybe it is not too late **to learn** how to play the piano.

Tal vez no sea muy tarde para **aprender** a tocar el piano.

963.   To buy – Comprar

I'm going to the store **to buy** milk.

Voy a la tienda a **comprar** leche.

964.   To go up – Subir

Try not to use those stairs to **go up**.

Trata de no usar esas escaleras para **subir**.

965.   To avoid – Evitar

I'll take this road to **avoid** traffic jams.

Tomaré esta carretera para **evitar** el tráfico.

966.   To interest – Interesar

I highly doubt that topic could **interest** me.

Dudo mucho que ese tema me pudiese **interesar**.

967.   To close – Cerrar

We are going **to close** the case today.

Vamos a **cerrar** el caso hoy.

968.   To add – Agregar

I should **add** you to our Facebook group.

Te debería **agregar** a nuestro grupo de Facebook.

969.   To answer – Responder

Would you be willing **to answer** a few questions?

¿Estaría dispuesto a **responder** algunas preguntas?

970.   To question – Cuestionar

You are not in a position **to question** his decision.

No estás en una posición para **cuestionar** su decisión.

971.   To suffer – Sufrir

God sent them to hell to **suffer**.

Dios los envió al infierno a **sufrir**.

972.   To matter – Importar

I will get there no **matter** how long it takes me.

Voy a llegar allí sin **importar** cuánto tiempo me tome.

973.   To obtain – Obtener

It takes a lot of work to **obtain** a visa.

Se necesita mucho trabajo para **obtener** una visa.

974.   To observe – Observar

We should be there early to **observe** the first rays of light.

Deberíamos llegar allí temprano para **observar** los primeros rayos de luz.

975.   To indicate – Indicar

They should **indicate** you which way to go.

Ellos te deberían **indicar** hacia donde ir.

976.   To imagine – Imaginar

Sometimes it is fun to **imagine** a different life.

A veces es divertido **imaginar** una vida diferente.

977.   To stop – Detener

The train is going to **stop** in three stations.

El tren se va a **detener** en tres estaciones.

978.   To develop – Desarrollar

They have not been able to **develop** a vaccine.

No han podido **desarrollar** una vacuna.

979.   To point out – Señalar

I would like to **point out** this small island on the map.

Me gustaría **señalar** esta pequeña isla en el mapa.

980. To choose – Elegir

It will be your task to **choose** only one brand.

Será tu tarea **elegir** solo una marca.

981. To prepare – Preparar

It is your turn to **prepare** the drinks.

Es tu turno de **preparar** las bebidas.

982. To propose – Proponer

I want to **propose** a new alternative.

Quiero **proponer** una nueva alternativa.

983. To meet – Reunir

Today we are going to **meet** with the President.

Hoy nos vamos a **reunir** con el presidente.

984. To accompany – Acompañar

He is here to **accompany** the patients.

Él está aquí para **acompañar** a los pacientes.

985. To wish – Desear

You are going **to wish** to have a freezer when you get there.

Vas a **desear** tener un congelador cuando llegues allá.

986. To build – Construir

They are going **to build** a new shopping center here.

Van a **construir** un nuevo centro comercial aquí.

987. To represent – Representar

We are here to **represent** our school.

Estamos aquí para **representar** a nuestra escuela.

988.   To order – Mandar

You should **order** John to do it.

Deberías **mandar** a John a que lo haga.

989.   To walk – Caminar

My nephew finally learned **to walk.**

Mi sobrino por fin aprendió a **caminar**.

990.   To grow – Crecer

This plant tends **to grow** only in a certain type of soil.

Esta planta tiende a **crecer** solo en ciertos tipos de tierra.

991.   To kill – Matar

This is my new toy to **kill** time.

Este es mi nuevo juguete para **matar** el tiempo.

992.   To establish – Establecer

It was the time to **establish** a new rule.

Era el momento de **establecer** una nueva regla.

993.   To get down – Bajar

I couldn't **get down** from that tree.

No me podía **bajar** de aquel árbol.

994.   To notice – Notar

That's when I began to **notice** something odd.

Fue entonces cuando comencé a **notar** algo raro.

995.   To pretend – Pretender

I had to **pretend** I was a police officer.

Tuve que **pretender** que era policía.

996.   To cut – Cortar

I had to **cut** the bushes of the field.

Tuve que **cortar** los arbustos del campo.

997.   To break – Romper

I am not strong enough to **break** that wall.

No soy lo suficientemente fuerte para **romper** esa pared.

998.   To acquire – Adquirir

College is a time to **acquire** knowledge.

La Universidad es una época para **adquirir** conocimiento.

999.   To throw – Lanzar

He is going to **throw** the ball.

Él va a **lanzar** la pelota.

1000.   To share – Compartir

I'm glad to **share** this with you.

Me alegra **compartir** esto con ustedes.

1001.   To love – Amar

I am always going to **love** my cat.

Siempre voy a **amar** a mi gato.

Conclusion

Now that you have finished reading this book, you must continue practicing your recently learned words in order to better assimilate and incorporate them into your vocabulary. There are a few activities you could consider that may help you out on your way to learning:

To take advantage of the fact that your reading comprehension has now improved, you could start reading daily in Spanish. As you may know, reading is one of the most effective strategies when it comes to learning a new language, and now that you have enriched your vocabulary, it should be easier to start grasping more information and stop looking at the dictionary every two words in order to figure out the meaning of a sentence.

Perhaps it is time to start watching a TV show entirely in Spanish, you may be surprised by how many words you are able to identify now in actual context. If you haven't found a partner to practice yet, this may also be the time to do it, as with your recently acquired vocabulary you should be able to produce more coherent and cohesive sentences that will allow you to communicate better in the language you are attempting to learn.

Don't forget to extend the practice of what you have just learned by trying to consciously think in Spanish when you are practicing any of the previously mentioned activities. Now that you have learned the top 1001 most commonly used words in Spanish, and how they are used within a context, you are on your way to becoming a more prolific speaker of the Spanish language!

Disclaimer

Theinformation contained in **"1001 TOP SPANISH WORDS IN CONTEXT"** and its components, is meant to serve as a comprehensive collection of strategies that the author of this eBook has done research about.Summaries, strategies, tips and tricks are only recommendations by the author, and reading this eBook will not guarantee that one's results will exactly mirror the author's results.

The author of this Ebook has made all reasonable efforts toprovide current and accurate information for the readers of this eBook.The author and its associates will not be held liable for any unintentional errors or omissions that may be found.

The material in the Ebook may include information by third parties.Third party materials comprise of opinions expressed by their owners.As such, the author of thiseBook does not assume responsibility or liability for any third party material or opinions.

The publication of third party material does not constitute the author's guarantee of any information, products, services, or opinions contained within third party material.Use of third party material does not guarantee that your results will mirror our results. Publication of such third party material is simply a recommendation and expression of the author's own opinion of that material.

Whether because of the progression of the Internet, or the unforeseen changes in company policy and editorial submission guidelines, what is stated as fact at the time of this writing may become outdated or inapplicable later.

This Ebook is copyright ©2018 by **Diego Banos** with all rights reserved.It is illegal to redistribute, copy, or create derivative works from this Ebook whole or in parts.No parts of this report may be reproduced or retransmitted in any forms whatsoever without the written expressed and signed permission from the author.

Made in the USA
Coppell, TX
18 September 2021

62611446R10083